DIE MAINZER REIHE 63

ELISABETH LANGGÄSSER

# HÖRSPIELE

Herausgegeben und mit
einem Nachwort von
Franz L. Pelgen

v. HASE & KOEHLER VERLAG MAINZ

Gefördert durch das Kultusministerium
des Landes Rheinland-Pfalz, Mainz

Redaktion: Heidemarie Gruppe

Umschlagvignette: Eugen Batz, „Herbst"
Radierung 1934

---

CIP-Kurztitelaufnahme der Deutschen Bibliothek

**Langgässer, Elisabeth:**
Hörspiele/Elisabeth Langgässer. Hrsg. u. mit
e. Nachw. von Franz L. Pelgen. – Mainz : v. Hase
und Koehler, 1986.
  (Die Mainzer Reihe ; 63)
  ISBN 3-7758-1130-3

NE: Langgässer, Elisabeth: [Sammlung]; GT

---

© 1986 by Akademie der Wissenschaften und der Literatur, Mainz.
Alle Rechte vorbehalten.
Gesamtherstellung: Ahorn Druckservice GmbH, St. Leon-Rot
Printed in Germany.

ISBN 3-7758-1130-3

## INHALT

»Ahnung und Gegenwart«
Ein Spiel von Liebe, Tod und Schlaf .................... 7

Flandrischer Herbst
Ein Totentanz-Spiel im Lande Brueghels,
Tyll Ulenspiegels in Timmermans ..................... 25

Sterne über dem Palatin
Ein Spiel in der Heiligen Nacht ....................... 49

Nachwort
Die unbekannte Hörspiel-Autorin Elisabeth Langgässer
und ihre Arbeiten für den Rundfunk ................. 65

»AHNUNG UND GEGENWART«

Ein Spiel von Liebe, Tod und Schlaf

PERSONEN

Mann als:
  Jean Baptiste
  Mönch von Heisterbach
  Priamos
  Römer
  Friedrich der Große
  Napoleon
  Blücher
  Nelson
  Admiral von Waldeck
Frau als:
  Gretel
  Feind
  Vogel
  Der Andere
  Mutter
Martha, Freundin der Frau
Fährmann
Chronist
Kind
Das Bucklicht Männlein

*Am Altrhein. Sommer*

MANN: Schläfst du noch?
FRAU: Ja, Jean Baptiste. Ich schlafe. Aber sag: ist die Fähre schon da?
MANN: Die Fähre liegt noch drüben.
FRAU: Und der Altrhein?
MANN: Ist weiter geflossen.
FRAU: Wie lange schlafe ich schon?
MANN: Zwanzig Minuten, Liebe.
FRAU: Ach – ich dachte: mindestens zwanzig Jahre. So viel hab' ich geträumt.
MANN (*Stimme sich langsam entfernend*): Zwanzig Jahre, ja – warum nicht. Zwanzig Jahre sind gar nichts mehr heute. Zwanzig Jahre ist das nun her, daß der Weltkrieg begonnen hat.

*Seine Stimme wird während der letzten Worte von Maschinengewehrfeuer überdeckt, das immer stärker wird. Sausen von Granaten, Einschläge*

MANN: Karabiner einhaken... Achtung, die Hände... Abreißen... Einundzwanzig... zweiundzwanzig... dreiundzwanzig... vierundzwanzig... weg!

*Lang hingezogenes Sausen geht über in die Stimme der Frau*

FRAU (*Stimme, die sich gleichfalls allmählich entfernt*): Jean Baptiste, hör mal! Du – hör mich doch an! – Ich mache sonst gleich die Augen auf. Was sagtest du eben von zwanzig Jahren?

*Pause*

Ach so: daß vor zwanzig Jahren der Weltkrieg begonnen hat. (*Immer ferner*) Ja, da war ich ein kleines Mädchen, wir machten einen Schulausflug damals, ich weiß es noch wie heute. Es war der dritte Sommer im Krieg, alle Kinder sammelten Laub in den Wäldern – wir auch; wir gingen zur Bergstraße hin und auf den Frankenstein – – *(Hoch von oben)* Du kennst doch die Burg? Sie stand nicht so frei wie jetzt, wo die Bäume ringsherum ausgeschlagen und die Wege gelichtet sind. Da oben saßen wir dann und aßen unser Kartoffelbrot, der Wind kam von Westen und mit diesem Wind ...

*Dumpfe Einschläge von ferne*

MARTHA *(Stimme gleichfalls ganz hoch von oben)*: Du, Gretel – –

GRETEL: Was denn?

MARTHA: Hörst du es auch?

GRETEL: Die Vögel?

MARTHA: Geh doch! Das Schießen. *(Kanonendonner immer weiter)* Mein Großvater sagt, das kommt aus den Vogesen – aus dem Priesterwald, weißt du, der immer im Tageblatt steht.

GRETEL: Ich glaub's nicht.

MARTHA: So frag doch den Lehrer!

GRETEL: Den?! Eher laß ich mich selber erschießen, als daß ich den Lehrer frage.

MARTHA: Bist du denn immer noch böse auf ihn, weil er die Anni vorzieht?

GRETEL: Siehst du, du sagst es auch, daß er die Anni vorzieht. Nächste Woche rückt er ins Feld; seine Wirtin hat's meiner Mutter beim Brotkartenholen erzählt. Weißt du, Martha, ich wollte, sie schössen ihn tot.

MARTHA: Um Gottes willen, Gretel! Das ist eine schwere Sünde. Das wünscht man bloß seinem Feind.

GRETEL: Er ist doch mein Feind. Jawohl, das ist er, wenn er es auch nicht weiß. Niemals sieht er mich an, wenn ich den Finger hebe, auch die Hefte gibt er mir nicht mehr zu tragen – ach, wie ich ihn hasse – hasse – –

*Die letzten Worte Gretels werden aufgenommen und weitergesprochen von der Stimme der Frau; die Stimme der Frau ist jetzt zugleich die Stimme des Feindes. Maschinengewehr, Nahkampf*

FEIND *(mit der Stimme der Frau)*: Sacre bleu, – Nom de chien – mon dieu – –
MANN: Verdammter – Hund – er oder ich – – Da – da – noch einmal – da – –
FEIND: Aah!

*Der langgezogene Schrei endet langsam und fast wie bedauernd und geht über in die Stimme der Frau*

FRAU: Bist du langweilig, Jean Baptiste! Warum sagst du denn nichts?
MANN: Ja, ja.
FRAU: Schöne Antwort.
MANN: Wie bitte?
FRAU *(ihn höhnisch nachahmend)*: Wie bitte? Hast du geschlafen? Da – jetzt machst du wieder dein starres Gesicht – jetzt bist du mir wieder ganz fern.
MANN *(ganz weit)*: Aber Gretel – ich bin dir doch nicht fern. Da ist meine Hand und hier die alte Erde mit ihren vergänglichen Blumen, dort drüben das Wasser –
FRAU: Und fließt mir fort. Ach, Jean Baptiste, Lieber, mir ist so ängstlich zumute. Wie nur? Ja so – jetzt weiß ich. Als ob mit diesem Strom die Zeit vorüberflute und wir selber schon draußen stünden und alles in einem hätten: Vergangenheit, Gegenwart, Zukunft. Immer wieder bringt sich die Quelle getragen und füllt diese Silbergeleise, die kurz danach dunkel werden; ein Augenblick blitzt auf und nennt sich Gegenwart, doch sehen wir ihn nur und können ihn so nennen, weil das Vergangene in ihn eintrat und die Zukunft ihn beben macht. Oh – was ist Gegenwart?

*Die Fährenglocke schlägt an*

FÄHRMANN *(durch das Sprachrohr der Zeit)*: Wenn einer hier übersetzen will: Mann, Frau oder Kind oder Bauern mit Pferd und Wagen, Soldaten, Generale, Franzosen, Spanier und Römer, Lebendige und Tote – so soll er es mit mir wagen!

*Die Fährenglocke schlägt wieder bimmelnd an und geht in Glockenläuten und „Kyrie eleyson" über*

DER MÖNCH VON HEISTERBACH *(mit der Stimme des Mannes, langsam buchstabierend)*: Vor Gott aber sind tausend Jahre wie ein Tag ... dann wären unsre Tage also der Bruchteil einer Minute vor Gott – und unsere Minuten – und dieser Seufzer nach Ihm – – Ach, ich verstehe es nicht ... Tausend Jahre ein Tag. Und in einem Jahrtausend ginge für Gott nur einmal die Sonne auf und stünde im Zenith und ginge wieder unter – wahrhaftig, ein langer Tag. Und doch ein wie kurzer Tag in Gottes Ewigkeit. Wer aber eingeht, bedenke das, Mönch, in Gottes Ewigkeit: dem dehnt sich der Ablauf der Dinge so sehr, daß alle Bewegung auf Erden vollkommen stille steht. Kein Gras wächst mehr hoch, keine Blume verblüht, kein Wort spricht sich mehr aus. Schauder der Ewigkeit ...

*Ein Vogel tiriliert leise und von ferne*

Wie süß ... oh, wie süß ... so tropft uns der Frühling ins Ohr. Ja, auch in dem Kloster sagen wir „Frühling" und meinen alles damit: den Garten vor der Zelle und weiter draußen den Wald mit seinen Anemonen, den Wald vor diesen Mauern, der uns verboten ist wie der Baum in dem Paradies ...

*Der Vogel kommt näher*

Frühling – ach, wie vergänglich. Ein Wort nur, nichts als ein Wort – und zugleich eine Ewigkeit, die uns zersprengen würde, wenn wir sie fassen könnten ...

*Der Vogel ist ganz nah*

In alten Märchen, so sagt man, geschieht es oft einem armen Burschen, daß er zu Katzen und Kröten kommt und ihnen sieben Jahre gehorsam dienen muß. Sind aber die sieben Jahre um, so will ihm hinterher scheinen: es waren nur sieben Tage . . . Sehr süß muß dieser Dienst im Dunkel gewesen sein.

DER VOGEL *(mit der Stimme der Frau)*: Sehr süß ist der Dienst in dem Hörselberg, Mönch. Sehr rasch wirst du dort lernen, wie sieben Jahre vergehen, als wären sie ein Tag. Komm... komm hinaus in den feuchten Wald mit seinen Anemonen... dort wartet Erkenntnis auf dich... Erkenntnis von Raum und Zeit – –

MANN: Erkenntnis. Du sprichst, wie die Schlange sprach.

VOGEL: Komm hinaus, jener Baum hat Früchte getragen, und die Samen sind ausgestreut worden – nun ist es ein ganzer Wald. Ein Wald von Erkenntnis –

MANN: Ein Wald von Tod. – –

*Chor der Mönche, weither hallend:*
*„Media in vita" – leise abklingend*

VOGEL: Komm . . . komme in deinen Tod . . .
*Sich entfernendes Tirilieren*

MANN *(nachfolgend)*: Ich gehe in die Erkenntnis ein... ich gehe in meinen Tod ...

*Tirilieren klingt aus – „Media in vita" schwillt*
*wieder stärker an, diesmal aber dumpf im*
*Gewölbe gefangen*

MANN: Mache Platz, lieber Bruder, rücke hinunter. Du hast deinen Sitz verwechselt.

DER ANDERE *(mit der Stimme der Frau)*: Ich wohl nicht, aber du.

MANN: Welche Sprache! Welch ein Gesicht! Ich kenne dich nicht, Bruder!

DER ANDERE: Eindringling! Fremder! Wie kamst du in unser Kloster? Sieh den Chor entlang: die Stühle sind voll. Was willst du in diesen Reihen?
MANN: Erbarmen – wer bin ich? Kannst du's mir sagen?
DER ANDERE: Ein Fremder von weit her.
MANN: Ein Fremder?
2. MÖNCH: Von weit her.
3. MÖNCH: Ein Fremder!
4. MÖNCH: Ein Fremder!

*Den ganzen Chor entlang und mit einem Sprung wieder vor das Mikrophon*

CHRONIST *(ganz nah)*: So sagt die Chronik: vor tausend Jahren verlor sich der Bruder Johannes im Wald und wurde nie mehr gesehen ...
MANN *(schaudernd)*: Johannes – vor tausend Jahren – –
*(weit weg, hallend)* und tausend Jahre waren nur e in Tag.
2. MÖNCH *(nah)*: Wo ist er geblieben?
3. MÖNCH: Ich weiß nicht. Hier liegt die Kutte. Ein Häuflein Asche darunter. Läutet die Totenglocke!

*Läuten der Glocke geht über in das Bimmeln der Fähre*

FRAU: – – Oh, was ist Gegenwart? ... Jean Baptiste, hörst du nicht, was ich dich frage – du! – hör doch!
MANN *(weit)*: Ich höre ja schon. *(Kommt näher)* Ich habe mir nur überlegt, was ich dir antworten soll. Aber will denn das Läuten nicht enden?
FRAU: Die Fährenglocke? Geh, Jean Baptiste, die läutet ja kaum eine Viertelminute, die hat ja eben erst angefangen, als ich dich fragte, was Gegenwart sei, und ob du das auch so fühltest wie ich, so außer aller Zeit – –
MANN: Seltsam. Den Bruchteil einer Minute! Ich dachte, die läutet schon tausend Jahre und läutet ewig weiter.

FRAU *(angstvoll)*: Dann – warst du wohl sehr weit fort, du mein Lieber?

MANN: Ja. Aber nicht von dir.

FRAU: Nicht von mir, Jean Baptiste? Und von dieser Stelle? Von diesem Ufer und diesem Stein, diesen Bäumen mit Hexenzwirn?

MANN: Was soll ich dir sagen? Ja und nein. Du warst die Frage, die vor mir herflog und mich verlockte, mich selbst zu lassen – ja, ich war außer mir.

FRAU: Heißt denn Außer-sich-sein: ohne Raum sein? Und heißt es: ohne Zeit?

*„Mondschein-Sonate", unwirklich und von ferne*

MANN *(gleichfalls von weit her)*:

> Sang so schönen Sang der Greise,
> So gewaltig rief der Alte,
> Daß die gelben Ufer neigten
> Sich das eine zu dem andern,
> So sich neigend zueinander,
> Daß kein Räumlein blieb dazwischen,
> Daß zu sehn war keine Lücke,
> Daß sie waren eng verbunden,
> Linkes Ufer mit dem rechten,
> Rechtes Ufer mit dem linken,
> Bildend eine sichre Brücke ...

*Musik klingt aus*

MANN *(nah, real)*: Heißt das wohl: ohne Raum?

FRAU: Nein. Aber wohl: ohne Zeit.

MANN: Bedenke, er lebte doch, dieser Sänger, und die Sage von ihm bedurfte seines Lebens, wie Raum und Zeit einander bedürfen!

FRAU: Wann lebte der Sänger, Jean Baptiste?

MANN: Als die Ufer zusammentraten.

FRAU: Dann hätte die Sage ihn erst erschaffen –
MANN: Wie er die Sage, du Kind. Sage läuft ab in der Zeit.
FRAU: Aber wenn wir so sprechen, meinen wir dann nicht einen anderen Raum und eine andere Zeit, als die unsre Maße messen? Als diesen wirklichen Raum? Als diese wirkliche Zeit?
MANN: Gibt es zwei Wirklichkeiten?
FRAU: Mir schwindelt –
MANN: Es gibt nur eine. Die eine Wirklichkeit. Sie ist alles: Anfang und Ende. Sie wurde geschaffen in jenem Wort, das nicht Zeit und Raum hat, nicht Ursprung und Ende – und weil sie sein Gleichnis ist, glüht sie als Gleichnis in der Mitte des Wortes auf; in Dichtung und Sage oder im Ruhm, der unter die Sterne geht.
FRAU: Also wäre Vergangenes immer ein Gleichnis?
MANN: Und das Gleichnis die Wirklichkeit.

*Griechische Musik*

PRIAMOS (*mit der Stimme des Mannes*):
Deines Vaters gedenk, oh göttergleicher Achilleus,
Sein, des Bejahrten, wie ich, an der traurigen Schwelle des Alters,
Und vielleicht, daß jenem auch ringsum wohnende Völker
Drängen, und niemand ist, ihm Jammer und Weh zu entfernen.
Ich unseliger Mann! Die tapfersten Söhne erzeugt ich
Weit im Troergebiet, und nun ist keiner mehr übrig.
Den Jüngsten tötetest du, da er kämpfte den Kampf für die Heimat:
Hektor! Drum nun komm ich herab zu den Schiffen Achaia's
Ihn zu erkaufen von dir und bring unendliche Lösung.

*Römische Hörner*

RÖMER *(mit der Stimme des Mannes)*:
Umschmettert mich, Tuben! Erhebet den Ton!
Den Latiner besiegte des Manlius Sohn.
Voran die Trophä'n! Der Latinische Speer!
Der eroberte Helm! Die erbeutete Wehr!
Duell ist bei Strafe des Beiles verpönt –
Doch er liegt, der die römische Wölfin gehöhnt.
Liktoren, erfüllet des Vaters Gebot,
Ich besitze den Kranz und verdiene den Tod.
Bevor es sich rollend im Sande bestaubt,
Erheb ich in ewigem Jubel das Haupt.

*Friedericus-Marsch*

FRIEDRICH DER GROSSE *(mit der Stimme des Mannes)*: Meine Herren, entweder sehen Sie mich heute als Sieger wieder oder gar nicht.

*Claironsignale*

NAPOLEON *(mit der Stimme des Mannes)*: Soldaten – Fünf Jahrtausende sehen von diesen Pyramiden auf euch herab – – !

*Trommeln*

BLÜCHER *(mit der Stimme des Mannes)*: Vorwärts, Kinder, vorwärts, ich habe es meinem Bruder Wellington versprochen!

*Geschützdonner*

NELSON *(mit der Stimme des Mannes)*: England expects, that every man will do his duty!

*Ein Morse-Apparat*

ADMIRAL VON WALDECK *(diktiert mit der Stimme des Mannes)*: Einstehe für Pflichterfüllung bis zum Äußersten. Admiral Waldeck vor Tsingtau.

*Beethovens „Eroica" schwillt auf und klingt ab*

FRAU: Ich habe gehört, daß es Sterne gibt, deren Licht erst, wenn sie selber zerstäubt sind, in unser Auge dringt. Und weiter wurde mir einmal gesagt, daß, wenn wir die Schwingungen wahrnehmen könnten, die jedes Geschehen begleiten, wir heute noch den Trojanischen Krieg und Napoleon bei Waterloo kämpfen sähen – ja, daß dann alles Gegenwart wäre und ein Raum im andern enthalten sei wie die Schachteln bei jenem Kinderspielzeug, wo jede sich in der nächsten verjüngt ...

> *Die Tonleiter schlägt in ihrer Reihenfolge von unten bis oben an*

In sieben Tagen wurde die Welt, wie man sagt, und einer ging aus dem andern hervor und bedurfte des nächsten schon. So stellt sich wohl auch die Kindheit dar, wenn sie den Horizont aller Dinge aus Traum und Schleiern hinauswirft und diesen Gegenstand Ball oder Tisch, oder diesen Pferd oder Wagen nennt – –

> *In einfachen Tönen klingt das Kinderlied auf:*
> *„Schlaf, Kindchen, schlaf!"*
> *Eine Kirchturmuhr schlägt viermal hoch und einmal tief*

DIE MUTTER *(mit der Stimme der Frau, weit her hallend)*:
Gott alles weiß,
Das Mäuslein beißt,
Die Glock schlägt Ein,
Der Traum spielt auf den Kissen dein.

DAS KIND *(im Schlaf)*: Ei, was für ein schöner Garten! Alles wächst durcheinander: Nelken und Veilchen und Dotterblumen. *(Im Leierton)*:
Will jetzt an mein Beetchen gehn
Will die Blumen gießen –

DAS BUCKLICHT MÄNNLEIN: Hatzi, hatzi!

DAS KIND:
 Steht ein bucklicht Männlein da,
 Fängt gleich an zu niesen.
DAS BUCKLICHT MÄNNLEIN:
 Guck, guck den Baum!
 Auf dem Baum ist ein Nest,
 In dem Nest ist ein Ei,
 In dem Ei ist ein Dotter,
 Im Dotter ist ein Hase,
 Der beißt dich in die Nase.
KIND *(schreit im Traum)*

*Die Uhr schlägt viermal hoch und zweimal tief*

STIMME DER MUTTER:
 Das Nönnchen läut'
 Zur Mettezeit
 Die Glock schlägt Zwei,
 Sie gehn durchs Tor in einer Reih.
KIND: Pfui, garstiger Hase! Raus aus den Beeten! Raus aus dem Suppenkraut! Suppenkraut, Schmalz dran, Zwiebeln dran, Mehl dran – will mein Süpplein kochen –
DAS BUCKLICHT MÄNNLEIN: Hehe! Hehe!
KIND:
 Steht ein bucklicht Männlein da,
 Hat mein Töpflein brochen!
DAS BUCKLICHT MÄNNLEIN: Hehe! Hehe – Hehe! Miau, Miau, Miau!
KIND: Miesekätzchen! Wo bist du gewesen!
DAS BUCKLICHT MÄNNLEIN: Ins Kämmerchen.
KIND:
 Was hast da gemacht?
BUCKLICHT MÄNNLEIN:
 Aß Milch und Semmelchen.
KIND:
 Wo hast du denn dein Löffelchen?

BUCKLICHT MÄNNLEIN:
Entzwei gebrochen.
KIND:
Wo hast du denn dein Tellerchen!
BUCKLICHT MÄNNLEIN:
Entzwei geschmissen.
KIND:
Husch aus der Kammer! Husch aus der Kammer!

*Die Uhr schlägt viermal hoch und dreimal tief*

STIMME DER MUTTER:
Der Wind, der weht,
Der Hahn, der kräht,
Die Glock schlägt Drei,
Der Fuhrmann hebt sich von der Spreu.
KIND: Da, Unke! Da – hast du auch was. Da: Müslein essen – –
BUCKLICHT MÄNNLEIN: Ah! Mm! Ah!
KIND:
Steht ein bucklicht Männlein da,
Hat's schon selber gessen.
Weg, bucklicht Männlein! Fort! Fort mit dir!

*Die Uhr schlägt viermal hoch und viermal tief*

STIMME DER MUTTER:
Der Gaul, der scharrt,
Die Stalltür knarrt,
Die Glock schlägt Vier,
Der Kutscher siebt den Hafer schier.
KIND: Fort ist es. Nein! Da sitzt's in dem Schuh. Ist gar kein Schuh...ist ein Schiff und schwimmt auf dem Land...Hoppe Reiter...wirf mich nicht ab, mein gutes Ziegenböckchen...

*Die Uhr schlägt viermal hoch und fünfmal tief*

KIND: Hopp...Hopp...Hopp...

*Gleich danach sechsmal*

KIND:
Kammertopp übern Kopp,
Hirsebrei: Finger drein,
Ofenpfeif, Stiefel steif,
Hagedorn: schöne Sporn,
Strumpfband, in die Hand,
Ziegelstein zwischen die Bein,
Ziegenbock, Melcher drop,
Armutei, Bettelei,
Ist ... das ... nicht ... ein ... schöne ... Reiterei?

*Während dieser Verse schlägt unaufhaltsam die Uhr und geht in fernes Vesperläuten über*

MANN:
Das Huhn gagackt,
Die Ente quakt,
Die Glock schlägt Sechs,
Steh auf, steh auf, du faule Hex!
Siehst du, wie tief schon die Sonne steht? Und drüben am andern Ufer läutet die Vesperglocke.

FRAU: Nein, nein, – – ich stehe nicht auf. Ich bin in diesen Minuten auf den Grund meiner Kindheit gefallen, und jener Grund war derselbe, aus dem alle Geschichte herkommt, alles Wissen um diese Welt. Wir waren Eines: der Grund und ich. Er wechselte beständig in seinen Erscheinungen, weil meine Sinne gewechselt haben; er klärte sich, weil sie sich klärten; er war nur so weit sichtbar, als ich selber wahrnehmen konnte.

MANN: Dann magst du gehen, Liebe. Dann ist der Grund in dir, und Innen und Außen steht gleich wie die Schalen einer Waage; dann decken sich Raum und Zeit ... Siehst du die Schnecke hier in dem Gras? Es scheint uns, als ob sie langsam krieche, und wir verlachen sie. Aber nimmt nicht auch sie das Maß ihrer Zeit einzig nur aus sich selbst? Wenn wir in einer Sekunde achtzehn Töne gesondert wahrnehmen können, achtzehn Schritte als Schritte sehen, sieht sie den fünften Teil und geht also für ihr Schneckengefühl wiederum fünfmal geschwinder als wir bei ihr vermuten. Ihr scheinen daher die Gräser rascher zu nicken als uns, ihr Lebenstag ist gedrängter und drängt sie stärker zum Ende. Aber was wieder wir als rasch empfinden, den Ansprung eines Tieres, den Sturz eines Vogels von oben, nimmt diese Ackerschnecke nicht als Bewegung wahr, weil der Ablauf in ihren Sinnen verschmilzt. Nun denke dir, Kind, es gäbe ein Lebewesen, das noch viel langsamer wahrnimmt, tausendmal langsamer als wir jetzt – dem würde der Inhalt des Jahres zu kaum neun Stunden zusammenfließen, er würde in einer Minute die Sonne den Bogen am Himmel beschreiben, die Pflanzen wachsen sehen. Und umgekehrt: Füllte sich einem die Sekunde mit tausendmal mehr von einzelnen Sinnengefühlen – er könnte den Flug verfolgen, den eine Flintenkugel vom Abschuß zum Einschlag nimmt, und hätte in kaum einem Monat erlebt, was wir in achtzig Jahren unseres Lebens zu lernen pflegen ...

FRAU *(weit weg, hallend)*: Tausend Jahre ein Tag – ein Tag wie tausend Jahre – –

MANN: Und der Tod wäre dann jener Augenblick, wo unsre erlöschenden Sinne die unendlich langsame Wahrnehmung machen, daß Gott nur Ruhe ist ... Ruhe in Ewigkeit.

FRAU: Aber wir, die wir so miteinander sprechen – haben wir nicht schon in einem Anfang und Ende erlebt? Und den Tod hier mitten im süßen Leben aus Büschen, Blumen und Gras? Ja – sind wir nicht hinter unserem Tod, wie die Hasen im Kinderreim, aufgewacht, und wurden angestoßen, um wieder weiterzulaufen? *(In singendem Tonfall)*

    Zwischen Berg und tiefem, tiefem Tal
    Saßen einst zwei Hasen,
    Fraßen ab das grüne, grüne Gras
    Bis auf den Rasen.

MANN *(ebenso)*:

> Als sie satt gefressen, fressen war'n,
> Setzten sie sich nieder,
> Bis daß der Jäger, Jäger kam
> Und schoß sie nieder.

BEIDE:

> Als sie sich gesammelt, sammelt hatten
> Und sie sich besannen,
>
> *(jubelnd)*
>
> Daß sie noch am Leben, Leben waren,
> Liefen sie von dannen.
>
> *Gong*

# FLANDRISCHER HERBST

Ein Totentanz-Spiel im Lande Brueghels,
Tyll Ulenspiegels und Timmermans

PERSONEN

Mann
Frau
1. Kind
2. Kind
Timmermans
Brueghel
Ulenspiegel
Der Tod als
  Bettler
  Dieb in der Nacht
  Mohrenkönig
  Logenschließer (Saturn)
Pallieter
Mariechen
Bauern
Herzog
Narr
Jäger
Treiber
Diener
Edelleute
Gäste
Tafelmeister
Schüsselträger
Lena, Magd
Jagdaufseher
Mutter
Kind

*Gongschlag*

MANN, FRAU, KINDER *(sehr eilig)*: Da ist der Logenschließer, rasch! Rasch!
DER LOGENSCHLIESSER: Keine Eile. Alles zu seiner Zeit. Der Vorhang ist noch nicht aufgegangen.
MANN: Aber es wird doch schon dunkel, das Licht geht aus, zeigt unsere Plätze. – –
LOGENSCHLIESSER: Hier ist die Schwelle. Vorsicht. Drei Stufen herunter: Oktober, November, Dezember ...
FRAU: Wie heißt das Spiel?
LOGENSCHLIESSER: Flandrischer Herbst.
MANN: Und du?
LOGENSCHLIESSER: Ich? Viele Namen könnt' ich euch sagen. In grauer Vorzeit – –
EIN KIND: Seht doch, seht doch, wie alt er ist! Er kann nicht mehr stehen, er setzt sich nieder –
LOGENSCHLIESSER: Weg, Vorwitz! Weg, sag ich. Willst du wohl! In grauen Zeiten war Saturn mein Name. Saturn: Hüter der Schwelle.
MANN: Ein römischer Name.
LOGENSCHLIESSER: Ganz recht. Ein Sternenname. Ich habe auch andere. Achtung! Kinder, fangt auf – da, da – – ihr laßt sie ja fallen – – –
KINDER: Äpfel! Birnen! Nüsse!!
LOGENSCHLIESSER: Für die Pause. Verwahrt sie euch gut. Stopft die Säcke voll. Nachher wird nichts mehr verschenkt.
FRAU: Das ist ein reicher Herbst.
LOGENSCHLIESSER: Ja. Und beschenkt dich auch.
FRAU: Mit einem Blumenkranz? Seltsam: das sind Anemonen. Da Veilchen. Da Schlüsselblumen. Und hier Getreideähren. Kornblumen. Wicken, Skabiosen. Jetzt kommen Astern und Dahlien. Dazwischen Vogelbeeren – die hab ich besonders gern. Ein paar Tannenzweiglein zuletzt. Ob ich ihn aufsetzen darf? Ja? Aber ist denn kein Spiegel hier?

LOGENSCHLIESSER: Ein Stückchen Eis. Ich halte es dir. Da – schau hinein. Wie gefällt dir der Kranz?

FRAU: Schön. Steht er mir denn auch?

LOGENSCHLIESSER: Betrachte dich doch!

FRAU: Ach – eine Braut. Jetzt eine Frau. Jetzt eine Mutter. Jetzt kann ich nichts mehr sehen. Der Eisspiegel blendet zu sehr.

KIND: Mutter, Mutter – dein Haar wird ja weiß!

FRAU: Fort mit dem Spiegel. Fort mit dem Kranz!

LOGENSCHLIESSER: Halt. Rühre ihn nicht an.

FRAU: Was ist das? Ich kann die Hände nicht heben? Ich bin gebunden. Gebunden unter dem Kranz.

KINDER *(flüsternd)*: Dieser Mann ist ein Zauberer. Ein Zauberer. Ein Zauberer ...

LOGENSCHLIESSER: Ja. Ich verwandle alles. Sieh noch einmal in den Spiegel.

FRAU: Jetzt bin ich wieder braun.

LOGENSCHLIESSER: Willst du den Kranz behalten?

FRAU: Ich will schon, doch er ist schwer.

LOGENSCHLIESSER: Das Schöne ist immer schwer. Das Glück ist schwer. Das Unglück. Der Schmerz und der Tod.

FRAU: Ist das alles hineingebunden?

LOGENSCHLIESSER: Ja. In den Jahreskranz.

MANN: Und mir? Mir schenkst du gar nichts?

LOGENSCHLIESSER: Der Frau einen Kranz und dem Mann eine Krone.

MANN: Eine Krone? Bin ich ein Kaiser?

LOGENSCHLIESSER: Du bist der heimliche Kaiser.

KINDER: Hört ihr? Der Vater ist Kaiser und soll eine Krone haben.

MANN: Was meinst du für eine Krone?

LOGENSCHLIESSER: Es gibt drei Kronen: die erste aus Holz. Das ist die Krone der Kronen. Die zweite war aus Gold: das ist die römische Krone. Die dritte war aus Stein: das ist die Mauerkrone.

MANN: Und was bedeutet die Krone?

LOGENSCHLIESSER: Den Frieden der Welt.
MANN: Dann will ich die Krone tragen.
1. KIND: Der Mutter den Kranz und dem Vater die Krone! Jetzt werden wir immer Frieden haben und Blumen und Äpfel und Birnen bis an das Lebensende.
2. KIND: Schönes Essen und Trinken. Ein weißes Bett und einen warmen Ofen!
1. KIND: Warum willst du denn einen Ofen?
2. KIND: Weil mich friert. Es wird plötzlich so kalt und die Lichter sind ausgegangen. Ob nun das Spiel beginnt? Vater! Mutter! Fängt es jetzt an?

*Pause*

1. KIND: Sieh mal hinauf zu der Galerie!
2. KIND: Da flackert eine Kerze.
1. KIND: Und ein dunkler Mann sitzt davor. Hebt eine Geige ans Kinn.
2. KIND: Das ist ja der Logenschließer.
1. KIND: Der Zauberer.
2. KIND: Der Herbst.
1. KIND: Hörst du – jetzt fängt er zu spielen an.
2. KIND: Ja – und jetzt singen sie auch!

*Ganz hoch von oben*

> Es ist ein Schnitter, der heißt Tod.
> Hat Gewalt vom höchsten Gott.
> Heut wetzt er das Messer,
> Es schneid schon viel besser.
> Bald wird er drein schneiden,
> Wir müssen's nur leiden.
> Hüt' dich schön's Blümelein!
>
> Viel hunderttausend ungezählt
> Da unter die Sichel fällt:
> Rot Rosen, weiß Ilgen,

Euch wird er austilgen,
Und ihr Kaiserkronen,
Euch wird er nicht schonen.
Hüt dich schön's Blümelein.

Trutz Tod! Komm her, ich fürcht dich nit.
Trutz, komm und tu einen Schnitt.
Wenn er mich verletzet,
So werd ich versetzet,
Ich will es erwarten,
Im himmlischen Garten,
Freu dich, schön's Blümelein.

*In die letzten Worte mischt sich Dorfmusik,
Hochzeitsjubel, der Vorhang geht auf*

EIN ALTER BAUER: Das Brautpaar lebe hoch!
ALLE: Hoch! Hoch! Hoch!
ALTER BAUER: Der Pallieter soll leben!
EIN ANDERER: Und sein Mariechen!
VIELE *(durcheinander)*: Einschenken! Anstoßen! Das ist ein Bierchen, ein Honigbierchen, davon kriegt keiner genug.
KNECHTE: Platz gemacht! Die Spanferkel kommen, Rotkohl und Schnittbohnen, Weißkrautsalat!
BAUER: Hui, Messer und Gabel stecken ja schon im Rücken – Ist das ein Schlaraffenland!
FRAU: Und guckt mal, worauf sie die Schüsseln tragen. Die haben ja, wahrhaftiger Gott, die Haustüre ausgehängt!
EINE ANDERE: Ja, die Nudelbretter reichen nicht aus, wenn so eine Hochzeit ist.
BAUER: Da muß gefressen werden, daß sich die Balken biegen.
EIN ANDERER: Ich habe schon keinen Platz mehr. Gebt mal 'nen Schnaps herüber. Prost, Charell, der putzt dir den Magen.
1. BAUER: Prost! Wer zuerst unten liegt, lädt uns morgen alle zur Nachfeier ein.
2. BAUER: Da kannst du lange warten.

1. BAUER: Jetzt kommt die Wurst und der Weißwein. Die mußt du schon mit dem Zollstock messen und den mit dem Riesenfaß. Was sagt die Brautmutter drüben? Es gibt noch junge Tauben und einen Kirschpudding drauf? Dann laß ich die Würste vorbeigehen –
PALLIETER: Nichts da, jetzt wird um die Wette gefressen, schön leere Schüsseln gemacht, schönes Wetter für meine schöne Hochzeit! So was gibt's nicht zum zweiten Mal!
ALTER BAUER: Mariechen, du kriegst einen guten Mann.
FRAU: Pallieter, du kriegst eine gute Frau – die pickt wie ein Vögelchen.
PALLIETER: Dann zeigt ihr doch mal, was Essen heißt. Frische Teller her! Die am wenigsten schaffen, müssen zuletzt Strohhalme ziehn. Und wer dann das kürzeste Ende erwischt, wird in den Reisbrei gesetzt.

*Gelächter, Tellerklappern*

BLINDER BETTLER *(kläglich)*: Einen Teller Suppe, ein Stückchen Weißbrot für einen armen Mann ... Danke, danke. Viel Glück in das Haus. Viel Glück und ein seliges Ende.
PALLIETER: Was sagt er? Ein seliges Ende? Kerl – ja du siehst wohl nicht, daß hier Hochzeit gefeiert wird?!
BETTLER: Verzeihung. Ich bin nämlich blind. Und durch das Ohr hört sich beides wie ein und dasselbe an: Hochzeit und Leichenschmaus. Deshalb sage ich auch, wenn ich irgendwo in ein fröhliches Fest gerate: Viel Glück und ein seliges Ende. Das paßt für alles. Viel Glück: für die Hochzeit, und ein seliges Ende – –
PALLIETER: Hör auf! Nimm die Fiedel, mach uns Musik, jetzt wollen wir tanzen –
ALLE: Tanzen!!

*Melodie (ganz leise): „Es ist ein Schnitter ..."*

PALLIETER: Warum sitzt ihr denn alle so steinern da, warum stehst du denn auf, Mariechen?

MARIECHEN: Ach, mir zuckt's in den Füßen. Er spielt so schön. Der erste Tanz ist für mich.
PALLIETER: Den tanzen wir zusammen ... Wie? Ja, wie wird mir denn? Ich bin ja angebunden –
MARIECHEN: Nun tanze ich aber rund herum. Mir ist schon ganz schwindelig.

*Musik immer stärker*

MARIECHEN: Immer weiter und weiter. Die Türe steht offen. Die Wiesen sind abgemäht.
BETTLER: Komm hinaus! Komm nur mit mir! Ich führe dich schon.
PALLIETER *(in höchster Angst)*: Da dreht sie sich fort ... jetzt ist sie draußen ... jetzt tanzt sie vorm Fenster vorbei ...
MARIECHEN *(von draußen)*: Wohin lockst du mich bloß mit deiner Musik? Was sollen die Gäste denken?
BETTLER *(immer entfernter)*: An den Stellen vorüber ... zum Hof hinaus ... Und zur himmlischen Hochzeit hin ...
MARIECHEN: Ist der Weg noch sehr weit?
BETTLER: Wir sind schon am Ende. Dort wartet der Bräutigam.
MARIECHEN: Kann ich so zu ihm kommen? Meine Schuhe sind durchgetanzt.
BETTLER: Wer dahin geht, der geht ohne Schuhe; der kommt im bloßen Hemd.

*Ein heulender Windstoß*

MARIECHEN: Meine Kleider sind abgefallen!
BETTLER: Nun bist du ein Sternenkind.
MARIECHEN: Wie gut, daß es plötzlich so dunkel wird, da muß ich mich nicht schämen. Und zwischen den leeren Bäumen kommen wirklich die Sterne durch.
BETTLER: Kennst du sie alle?
MARIECHEN: Den neuen da nicht. Er sieht größer und glänzender aus als irgend einer sonst.

BETTLER: Das ist Orion, der Winterstern. Blicke nur furchtlos hin!
MARIECHEN: Jetzt sehe ich einen Mann darin mit einem Rudel Hunden. Es wird ein Jäger sein, wie? Wo ist der Bettler? Verschwunden. Doch der Jäger tritt aus dem Stern heraus. Er trägt einen silbernen Bogen und setzt den Pfeil auf die Sehne – –
1. KIND: Mariechen, Mariechen, siehst du denn nicht: das ist ja der Bettler wieder!
2. KIND: Gleich wird er losdrücken, nimm dich in acht – –!

*Sausender Pfeil*

MARIECHEN *(schreit hell und hoch).*
BETTLER: Hüt dich, schön's Blümelein!

*Gong*

1. KIND: Vater! Mutter! Ist sie jetzt tot?

*Pause*

Keine Antwort ... Ich glaube, wir sind allein.
2. KIND: Wir Kinder sind immer allein.
1. KIND: Ja. Und dann möchten wir vieles fragen. Aber keiner kann Antwort geben.
2. KIND: Und wenn sie auch Antwort gäben, so könnten wir's nicht verstehen.
1. KIND: In den Märchenbüchern ist das ganz anders. Da sagen die Dummen und Kleinen alles, was die Könige wissen wollen.\*
ULENSPIEGEL: Kann ich denn Menschen schaffen? Bin ich ein Dichter wie Ihr?
TIMMERMANS: Nein – aber du hast mir dein Spiel verdorben. Du hast eigenmächtig den Tod auf Pallieters Hochzeit gelassen.

---

\* Bei der Paginierung des Originalmanuskripts wird an dieser Stelle eine Seite übersprungen bzw. fehlt eine Seite.

ULENSPIEGEL: Erstaunt Euch das wirklich, Herr Timmermans? Ihr seid doch auch ein Flame.
TIMMERMANS: Ich verstehe dich nicht, Till Ulenspiegel. Was hat das damit zu tun, daß wir beide aus Flandern sind?
ULENSPIEGEL: Der Tod und Flandern gehören zusammen wie der Dreschflegel und das Getreidekorn, wie Kelter und Traube; Lachen und Weinen, Gewitter und Fruchtbarkeit. Dieses Land ist mit Blut gedüngt.
TIMMERMANS: Ist das nicht jedes Land, Ulenspiegel?
ULENSPIEGEL: Doch. Aber nicht jedes hat später solch eine Ernte gebracht. Über vierhundert Jahre ist das jetzt her, da säte der Spanier Wind in seine blutenden Furchen. Er erntete Sturm, und wir Geusen ernteten Freiheit. Freiheit für Friesland, Geldern und Utrecht; für Nordbrabant, Nord- und Südholland, Nord- und Südbeveland; für die Inseln Texel, Vlieland und Ameland, die damals wie goldene Äpfel in unsern Schoß gefallen ...
LOGENSCHLIESSER *(von oben)*: Hört den Hüter des goldenen Zeitalters an. Hört, was Saturn euch sagt: Jeder Freiheitskampf ist ein Völkerherbst und öffnet das Tor in den Tod. Ich hüte die Freiheit und hüte die Schwelle, den Tod und die Wiedergeburt.
ULENSPIEGEL: Es lebe die Freiheit!
TIMMERMANS, BRUEGHEL UND ULENSPIEGEL *(singen)*:

> Es lebe der Geuse! Nicht klagen, Brüder!
> In Trümmern und Blut
> Erblüht die Rose der Freiheit.
> Wenn Gott für uns ist,
> Wer mag wider uns sein?
>
> Nach dem Sieg der Hyäne
> Kommt die Zeit des Löwen.
> Ein Tatzenhieb streckt sie aufgeschlitzt nieder –
> Es lebe der Geuse!

ULENSPIEGEL: Wir leben. Wir sind unsterblich: ich, Ulenspiegel, der Schalk, und Brueghel, der Bauernmaler.

TIMMERMANS: Das Volk ist unsterblich!

ULENSPIEGEL: Sein Witz, seine Kunst und seine Dichter sind's. Aber seht doch, Herr Timmermans: während wir sprechen, ist das Licht in Eurer Laterne von selber angegangen.

TIMMERMANS: Verkehrt gesagt, Ulenspiegel! Du hättest nicht sprechen können, wenn dich das Licht nicht beleuchtet und wiedergeboren hätte.

ULENSPIEGEL: Potztausend – ein seltsames Licht, das Tote lebendig macht! Woher habt Ihr denn diese Laterne? Die ist wohl ein Altertum?

TIMMERMANS: Sie ist die älteste Leuchte auf Erden und wird von Geschlecht zu Geschlecht durch die Dichter weitergegeben. Sie ist nur geliehen, und wer sie entzündet, geht den Weg zum Ursprung zurück. Dort brennt das Feuer, das niemals erlischt – dort, bei den Göttern des Volkes.

*Feierliche Musik von oben*

1. KIND: Hörst du – da spielt jetzt der Alte wieder!
2. KIND: Und siehst du, es wird immer heller, als ginge die Sonne auf.
1. KIND: Das kann aber nicht die Sonne sein.
2. KIND: Das ist das Licht in der alten Laterne.
1. KIND: Das Licht in der Laterne!
2. KIND: Aber wo sind die drei Männer denn hin: der Dichter, der Inspizient und der Kulissenmaler?
1. KIND: Die sind hinter lauter Figuren verschwunden. Sieh bloß auf die Bühne – wie das dort wimmelt! Sie probieren ein neues Spiel.

*Gong*

STIMMEN: Halali! Blast ab! Die Jagd ist aus, Jagd ist aus, Jagd ist aus!

*Hörnerblasen, Hundegebell*

EIN JÄGER: Melde dem Herzog: drei starke Sauen, zehn Hirsche, darunter der Vierzehnender, zwölf Rehe, ein Fuchs, dazu Hasen in Menge, Birkhühner, Schnepfen und wilde Tauben, zwei Luchse, zwei Marder und sieben Wandergänse, die aus der arabischen Eins gefallen und schon am Ziele sind. Dies ist die Beute von vierzehn Tagen – drei Tage währt nun das Fest! *(Hornstoß)* Wo sind die Treiber?

TREIBER: Hier! Hier! Herr! Hier!

JÄGER: Seid ihr alle beisammen? Fehlt noch einer?

EIN TREIBER: Klas, Jan und Michel wurden verletzt. Die Küchenmägde verbinden sie eben und legen Schmalz auf die Wunden. Nur Sooke, der Bauer, liegt noch am Moorbruch. Ein Pfeil soll ihm den Rücken durchbohrt und das Leben gekostet haben.

JÄGER: Ein verlorener Pfeil durchbohrt nicht den Rücken – –

TREIBER: Das ist es eben, Herr

EIN ANDERER TREIBER: Hanske! Hanske! Nimm dich in acht. Der Pfeil kam aus dem Gefolge –

JÄGER: Halt! Wenn dir dein Leben lieb ist. War das derselbe Sooke, der dem Herzog vergangenes Jahr das fällige Wolfsjagddienstgeld und den Wildhufenhafer verweigert hat?

TREIBER: Derselbe, Herr.

JÄGER: Gut. Sooke hat, was er wollte. Für euch ist in der Halle gedeckt. Ein Fäßchen Branntwein soll euch erwärmen; Hirschkeule mit dicken Bohnen, Schweinsfüße mit viel Zwiebeln, Pfeffer, Nelke und Muskat, das Ganze gedämpft und gesotten, werdet ihr wohl nicht verschmähen. Auseinander! Da kommt der Herzog!

*Signale*

HERZOG: Sind die Musikanten bestellt? Bratsche, Flöten und Geigen?

Ein Diener: Sie sind schon oben, im Saal, Herr, und stimmen die Instrumente. Nur die Maultrommel fehlt noch. Der Narr springt ein und will sie mit Eurer Erlaubnis spielen.

Herzog: Sein Maul ist genug. Die Trommel läßt er weg. Hinauf, meine Herren!

*Musik*

1. Edelmann: Das ist eine Tafel, meiner Treu. Da wurde nichts gespart!

2. Edelmann: Seht den getrüffelten Schweinskopf mit der Zitrone im Maul! Und dort die Schnepfen und Bekassinen, den Fasan mit dem Federbüschel – da lacht doch ein Jägerherz.

1. Diener: Gezuckerter Kalmus und Ingwer gefällig? Blaue und weiße Trauben? Walnüsse, bittere Mandeln?

2. Diener: Muskateller, Tokayer, Malvasier, Glühwein mit Zucker und Zimt?

1. Edelmann: Ich nehme den Muskateller.

2. Edelmann: Ich den Tokayer, Prost!

1. Edelmann: Prost, Bruder! Jetzt schwimmen die Krammetsvögel in unserem Bauch herum. Und in den Krammetsvögeln die schwarzen Holunderbeeren.

2. Edelmann: Mein Bauch ist ein schöner Vogelkirchhof. Ein Dom aus Fett, eine Glocke aus Fleisch, fleißig erbaut und gegossen in fünfzig Fresserjahren!

1. Edelmann *(lacht)*: Essen und Trinken und Jagen ist doch das Beste auf Erden.

2. Edelmann: Dazu ein voller Beutel, wie ihn der Herzog hat.

1. Edelmann: Ja, wo sein Wappenhirsch hintritt, klingen Goldstücke unter den Hufen!

2. Edelmann: Und das Land schreit jedesmal Ach und Weh, wenn so ein Goldstück herausspringt.

1. Edelmann: Das Land kann nicht schreien. Das Bauernpack schreit.

2. Edelmann: Mag es schreien, so viel es will!

*Musik*

HERZOG: Liebe Gäste, seid ihr zufrieden?
GÄSTE: Lang lebe der Herzog!
ANDERE: Er lebe!
DER NARR: Er lebe so lange wie seine Geduld. Darum bittet Hans Krautwurst, der Narr.
HERZOG: Bruder Narr, dann wäre ich längst gestorben.
NARR: Bruder Herzog, vielleicht seid Ihr tot und wißt es bloß noch nicht.
HERZOG: Gut, daß die Dummheit unsterblich ist. Sonst baumeltest du jetzt.
NARR: Die Wahrheit ist auch unsterblich.
HERZOG: Ja – wenn sie Schellen trägt!
NARR: Dann will ich meine Kappe beim Schlafen aufbehalten, und allen Leuten sagen, es sei nur 'ne Zipfelmütze.
HERZOG: Sobald du mich langweilst, wirst du gejagt, daß du die Mütze verlierst!
NARR: Wenn nur das Wild nicht den Jäger jagt, wie manche Sagen erzählen!
HERZOG: Los! Eine Schnurre, Hans Krautwurst! Beschere uns was zum Wein.
NARR: Hört zu. Als Kaiser Otto das römische Reich regierte, hielt er oft große Jagd. Auch die Damen des Hofes ritten mit; nur nicht Editha, die Kaiserin, weil sie das Töten schmerzte und sie alles Lebendige lieb wie ihren Augapfel hatte. Im Winter kamen die Finken an ihre Kemenate und nahmen ihr die Körner vom Mund; die Elster trug Ringe und Reifen zurück und ließ das Stehlen bleiben; ja selbst der hungrige Wolf hörte zu heulen auf, wenn sie die Laute schlug, und machte sich davon.
HERZOG: Hoho, ein Schaf im Wolfspelz. Ein Märchen für kleine Kinder und alte Weiber, Hans Krautwurst.
EIN EDELMANN: Laßt ihn zu Ende erzählen, Herr. Das Beste kommt wohl noch.

HERZOG: Also weiter.

NARR: In einer Sommernacht klopfte es plötzlich an ihre Kammertür. Sie zündete Licht an und öffnete. Da stand eine Hirschkuh draußen und bog vor ihr die Knie. Was willst du, fragte Editha. Die Hirschkuh wandte den Kopf zurück und schaute kläglich auf. Da begriff die Fürstin und wie sie war, bloßfüßig und im Hemd, folgte sie eilig dem Tier und fand ein junges Kitzchen, noch hell gefleckt und zart wie unreife Nüsse in einer Schlinge hängen. Sie half ihm heraus und ging zurück in das Schloß.

HERZOG: Und der Wilddieb? Hätte sie wohl für ihn um Gnade gebeten, Narr? Oder ist er gevierteilt worden?

NARR: Vielleicht war er arm, Bruder Herzog, und seine Kinder weinten vor Hunger, wie Sookes Kinder jetzt weinen werden, wenn der Vater gefunden ist.

HERZOG: Wer gegen die Rechte des Herzogs frevelt, fängt sich in ihrer Schlinge.

NARR: Das Recht, Herr, sollte kein Fangeisen sein.

HERZOG: Dein Maul sperrt es nicht auf. Erzähle was anderes, Hans Krautwurst.

EIN EDELMANN: Aber keine barmherzige Schnurre mehr!

NARR: Gut, keine Schnurre, Ihr Herren. In alten Zeiten, als auf der Jagd noch Pfeil und Bogen gebräuchlich war, verirrte sich ein Jäger im Wald, als er erhitzt und begierig einen Vierzehnender verfolgte. Er verlor seine Spur, die Nacht brach herein und plötzlich war es dem Jäger, als ob dieser finstere Wald sein eigenes Leben wäre – verworren und voll von Gefahren, von reißenden Tieren, Irrkraut und faulen Früchten, die sein Fuß auf dem Boden zertrat. Da gewahrte er zwischen den Bäumen ein sonderbar helles Licht, ging darauf zu und erblickte den Hirsch, der ruhig auf dem Jägerpfad stand. Schon setzte der Mann den Pfeil an und zielte nach seiner Beute, als das Licht sich verstärkte und in dem Geweih ein strahlendes Kreuz erschien ...

HERZOG: Hubertus! Hubertus! Wir kennen das Märchen von diesem Hubertus alle, der auf die Knie fiel und in die Mönchskutte sprang. Dich aber lasse ich stäupen, du Narr, der uns von Weibern im Hemd und Männern in Kutten erzählt. Fehlt nur noch Windel und Leichentuch –
EINE STIMME *(von draußen)*: Herzog – da ist es schon!

*Sausender Windstoß*

HERZOG: Die Läden vor! Seht ihr denn nicht, daß die Fenster rings herum aufgeflogen und die Kerzen am Ausflackern sind? Ja – hört mich denn keiner? Merken sie nicht, wie dunkel und kalt es ist?
STIMMEN *(vor der Tür)*: Haltet den Dieb! Haltet den Dieb! Die Hunde drauf! Hetzt ihn! Da läuft er die Treppe hinauf, jetzt ist er im Fürstensaal!
DER DIEB IN DER NACHT: Erbarmen, Herzog, Erbarmen!
HERZOG: Laß meine Knie los! Loslassen, sag ich! Was will der Schelm von mir?
DER DIEB IN DER NACHT: Erbarmen, Herzog, ich kam am Schloßhof vorbei und sah die Küchenfeuer. Das Tor stand offen, ich schlich mich herein und wollte mir einen Brocken aus der großen Jagdschüssel fischen.
HERZOG: Da hast du den richtigen Braten gerochen, dein eigenes Henkersmahl.
DIEB IN DER NACHT: Zum letzten Mal: Erbarmen!
HERZOG: Nichts da! G e r e c h t i g k e i t !!!
DIEB IN DER NACHT: Gut. Also Gerechtigkeit.
HERZOG: Wer bist du?
DIEB: Ich bin der Dieb in der Nacht und hole, wen ich will.
HERZOG: In Ketten mit ihm! Versteht ihr denn nicht? Ihr sollt ihn in Ketten legen.
DIEB: Mich hat noch keiner in Ketten gelegt. Seht Eure Diener an.
HERZOG: Ihr feigen Hunde! Da stehen sie und drücken sich an die Wand. Freunde – wo seid ihr? So helft mir doch! Keiner

rührt sich ... die Kerzen sind ausgebrannt ... Die Fenster stehen offen. Musikanten, he – warum spielt ihr nicht mehr? Holla! Musik! Musik!

*Leise von oben: „Es ist ein Schnitter ..."*

Still ... Stille ... Wie weiß jetzt der Fürstensaal wird, als wäre Schnee auf den Estrich gefallen – wie weiß meine Hände sind ...

EINE STIMME *(von draußen)*: Herzog, der Wagen ist vorgefahren, die Tiere wollen nicht warten.

HERZOG: Die Tiere? Was ist das ... da rollt der Wagen mit Wildpret vom Hof, der Vierzehnender ist vorgespannt, er blutet beim Gehen, es tropft in den Schnee, das Kreuz glänzt im Geweih! Ich komme – ich komme – so wartet doch – *(immer ferner)* – ich komme ... komme ja schon ...

1. GAST: Wo ist der Herzog hin, Friedrich?
2. GAST: Ich weiß nicht. Eben war er noch hier. Wo ist der Herzog hin, Tafelmeister?

TAFELMEISTER: Ich weiß nicht. Eben war er noch hier. Wo ist der Herzog hin, Schüsselträger?

SCHÜSSELTRÄGER: Ich weiß nicht, eben war er noch hier. Wo ist der Herzog hin, Lena?

LENA, EINE MAGD: Ich weiß nicht. Eben war er noch hier. Wo ist der Herzog hin, Jagdaufseher?

JAGDAUFSEHER: Ich weiß nicht. Eben war er noch hier. Ihr Treiber, wo ist der Herzog hin?

1. TREIBER: Wir wissen's nicht. Eben war er noch hier. Dort ist er zum Hof hinaus und nach dem Moorbruch hin ...

DES HERZOGS STIMME *(weit hallend)*: Wo sind wir? Warum bleibt der Wagen hier stehen?

DIEB IN DER NACHT: Weil Sooke, der Bauer, im Weg liegt. Schaff ihn beiseite, Herzog!

HERZOG: Du trägst einen Hirschfänger. Wenn ich mich bücke, wirst du mich niederstoßen.

DIEB IN DER NACHT: Des Bauern Tod ist des Landes Tod!
Des Landes Tod ist des Herzogs Tod!
Stirb, Herzog!
HERZOG *(schreit auf)*.

*Gong*

TIMMERMANS: Das hast du gut gemacht, Ulenspiegel. Du warst doch der Narr in dem Stück?
ULENSPIEGEL: Jawohl, Herr Timmermans. Ich war der Mann mit der Schellenkappe, der närrische Bruder des Todes, der ihm die Glocken läutet.
TIMMERMANS: Ich denke, der S c h l a f ist der Bruder des Todes?
ULENSPIEGEL: Ist Schlaf und Spiel nicht dasselbe? Spielen und Träumen? Sterben und weise werden.
LOGENSCHLIESSER *(von oben)*: Hört den Hüter des goldenen Zeitalters an. Hört, was Saturn euch sagt: Jeder Traum ist ein Gleichnis und schläft sich ins Helle, wie die Bäume im goldenen Herbst. Ich hüte den Traum und hüte das Gleichnis, den Schlaf und die Wirklichkeit.
1. KIND: Hörst du – er hütet die Träume. Aber dies war eben ein schrecklicher Traum und hat mir Angst gemacht.
2. KIND: Ach ja, ich fürchte mich auch.
TIMMERMANS: Keine Angst, ihr Kinder, wir spielen ja nur und wollen euch beschenken. Greift in die Taschen, seht ihr – das Obst ist schon reif geworden, die Äpfel haben karminrote Backen, die Birnen sind schön weich!
1. KIND: Ach, eine wilde Kastanie ist unter die Nüsse geraten.
TIMMERMANS: Komm, wirf sie auf die Bühne. So. Jetzt gib acht, was geschieht.
1. KIND: O Wunder – da wächst ja ein Bäumchen heraus! Es wird immer größer, es breitet sich aus und füllt die ganze Bühne – es ist ein Kastanienbaum.
2. KIND: Und sieh nur, sieh mal: wie voll er behängt ist mit grünen Stachelfrüchten! Jetzt werden sie dicker, jetzt sprin-

gen sie auf – – hör doch, wie lustig das knallt, wenn die Kastanien zu Boden fallen! Ist das ein fröhlicher Herbst!
1. KIND: Bald liegt alles unten – Blätter und Früchte. Die Zweige werden schon kahl.
2. KIND: Und zwischen den schwarzen Zweigen kommt hellblauer Himmel hervor. Nun kann ich alles viel besser erkennen – – ach, eine Mutter mit ihrem Kind sitzt unterm Kastanienbaum!

*Gong*

MUTTER: Hier Liebchen: Da ist noch eine Kastanie. Hast du das Schürzchen bald voll?
KIND: Ja, aber mein Täschchen noch nicht. Die Dinger sind so glatt und kullern mir immer heraus.
MUTTER: Dann wollen wir jetzt eine Kette machen. Ich habe schon Kordel und Bohrer da – so, gib 'ne Kastanie her. Guck, wie schön braun die ist!
KIND: Und glänzt wie ein Spiegel, gelt? Aber hier ist ein stumpfer Fleck. Komm, reib ihn fort, liebe Mutter –
MUTTER: Das geht nicht, da war sie doch angewachsen. Da hat sie an der Schale gesessen, an ihrer Stachelwand.
KIND: Ach so. Ist die Kette bald fertig?
MUTTER: Geduld, mein Liebchen. Du weißt doch, ich muß erst die Löcher bohren.
KIND: Und dann?
MUTTER: Wird die Kordel durchgezogen und hinten zugebunden.
KIND: Aber sie muß ganz lang sein und schön herunterhängen.
MUTTER: Wir haben ja Kastanien genug.
KIND: Was machen wir denn aus den anderen?
MUTTER: Ich weiß noch nicht, vielleicht Körbchen. Die hängen wir dann an den Weihnachtsbaum. Das Christkind tut Zucker hinein.
KIND: Dauert's noch lange bis Weihnachten, Mutter?
MUTTER: So sehr lange nicht mehr. Die Bäume sind ja schon alle ganz bunt und die Blumen fast abgeblüht. Bald wird es

nachts zum ersten Mal frieren; hernach hat es morgens gereift, am Tage fällt Schnee, die Sonne scheint blaß aus den Wolken, und wenn dann die Nächte ganz dunkel sind, kommt das Christkind zur Erde herunter und steckt die Lichter an.

Kind: Aber da gibt's keine Blumen mehr?
Mutter: Nein, die sind alle fort.
Kind: Ach schade. Wo sind sie denn hin?
Mutter: Sie schlafen.
Kind: Wo denn, Mutter.
Mutter: Nun – in der Erde, Liebchen –
Kind: Ist's denn da unten nicht kalt, liebe Mutter?
Mutter: Nein, unten ist's ganz warm.
Kind: Träumen die Blumen auch?
Mutter: Vielleicht träumen sie von dem nächsten Frühling, wo sie wieder heraufkommen werden.
Kind: Ich möchte auch so 'ne Blume sein, Mutter und in der Erde schlafen, bis der Winter vorüber ist.
Mutter: Nein, nein! Das ist nichts für mein Schätzchen. Mein Kindchen bleibt bei mir.

*Leise von fern: „Es ist ein Schnitter"*

Kind: Hörst du was, Mutter?
Mutter: Ich höre nichts. Hörst du etwas, Herzenskind?
Kind: Ach, ich glaube – dahinten im Wald singen die Weihnachtsengel. Und schau mal: Dort gucken auch Flügel heraus. Flügel aus lauter Gold.
Mutter: Das sind doch keine Flügel. Das sind die Ahornbäume.
Kind: Und die Engel?
Mutter: Die singen noch lange nicht. Nur die Heiligen Drei Könige sind jetzt schon unterwegs.
Kind: Warum denn?
Mutter: Weil sie von weit her kommen und zu dem Krippenkind gehen. Da ist deine Kette. Leg sie dir um, ich binde sie

hinten zu. So. Jetzt ist mein Kindchen gefangen. Jetzt kann es nicht mehr fort.

DER MOHRENKÖNIG: Guten Tag, liebe Frau! Ach erschreckt euch nur nicht! Ich bin bloß der Mohrenkönig, und mein Gesicht ist so schwarz, weil es die Sonne verbrannt hat.

MUTTER: Der Mohrenkönig! Der Balthasar bist du? Ja, wo sind denn die anderen zwei?

MOHRENKÖNIG: Das ist es eben – die suche ich und möchte gerne wissen, ob du ihnen begegnet bist. Wir haben einander im Wald verloren, als wir den Weg nach dem nächsten Dorf erforschen und uns später hier treffen wollten. Sag, ist denn kein Mann vorbeigekommen, der Gold getragen hat?

MUTTER: Ich habe nur Gold an den Bäumen gesehen und rote Blätter am Boden, die der Herbstwind vorüberjagte.

MOHRENKÖNIG: Dann hast du Kaspar, den hellen König, gesehen, der die Wälder mit rotem und gelbem Gold und die Gärten mit kostbaren Früchten aus seiner Schatzkammer füllt. Bist du etwa auch Melchior begegnet, dem König, der blauen Weihrauch über die Erde weht?

MUTTER: Ich habe nur die Kartoffelfeuer auf unseren Feldern gesehen.

MOHRENKÖNIG: Dann bist du ihm begegnet. Ist er schon lange vorbei?

MUTTER: Nein, doch ich kann nicht sagen, wohin er gegangen ist. Der Wind hat den Rauch abgetrieben.

MOHRENKÖNIG: So muß ich eben allein zu dem Dorf und der nächsten Herberge wandern. Aber kannst du mir nicht dein Kind mitgeben, damit es mir den Weg zeigt?

MUTTER: Nein, nein. Das Kind bleibt bei mir.

MOHRENKÖNIG: Töchterchen – willst du nicht mit mir kommen? Schenke dir etwas Schönes. Ich spiele auch mit dir.

KIND: Schenkst du mir Gold oder Weihrauch?

MOHRENKÖNIG: Nein – aber hier in der Dose habe ich Myrrhe für dich.

KIND: Was ist denn Myrrhe?

Mohrenkönig: Was Bitteres, Kindchen. Doch wer mit Myrrhe gesalbt ist, bleibt frisch wie das Weizenkorn, welches der Bauer zum Herbst in die Erde gelegt hat, und bleibt's bis zum jüngsten Tag.

Kind: Was wollen wir spielen, Herr Mohrenkönig?

Mohrenkönig: Blinde Kuh wollen wir spielen, komm, laß dir die Augen verbinden.

Kind: Dann kann ich dir aber den Weg nicht zeigen –

Mohrenkönig: Jeder Weg führt zur Herberge hin ...

Mutter *(in höchster Angst)*: Du gehst nicht! Ich will dir doch Körbchen machen und sie mit Zucker füllen. Ich will dir seidene Bänder kaufen, einen Kürbiskopf will ich höhlen und dir ein Licht hineinsetzen – wir schneiden ihm Augen und Mund ... Es hört nicht ... es ist schon am Anger drüben ... es hebt die Händchen empor ...

Kind *(entfernt)*: Mohrenkönig – wo bist du denn? So ruf mir doch einmal!

Mohrenkönig *(bald näher, bald ferner)*: Hier ... hier doch ... nein – hier ... hier – hier – –

Kind: Ruf noch einmal! Bin ich jetzt näher an dir? Hab ich dich bald gefaßt?

Mohrenkönig: Du bist mir ganz nahe, Kindchen. Bald hast du mich ... Da! Hier bin ich ja schon und nehme dich auf den Arm.

Kind: Die Binde weg, tu doch die Binde fort.

Mohrenkönig: Gleich wird sie fallen, Kind.

Kind: Und dann kommst du an die Reihe.

Mohrenkönig: Dann hört das Spiel nicht mehr auf.

Kind: Spielt noch einer mit?

Mohrenkönig: Meine Brüder: Kaspar und Melchior; die Hirten und ihre drolligen Lämmer; die Engel mit Rauschgoldflügeln – alle spielen sie mit!

Kind: Ach, wie ich mich freue, Herr Mohrenkönig – –

Mohrenkönig: Freu dich, schön's Blümelein!

*Gong*

1. KIND: Du – ob dieser Mohrenkönig auch wieder der Tod gewesen ist? Wie der Dieb in der Nacht, der den Herzog holte, und der Bettler mit dem Mariechen?
2. KIND: Sicher. Doch jeder war anders. Der erste Tod war ein trauriger Tod. Der zweite ein schrecklicher Tod und der dritte ein fröhlicher Tod. Jedes Spiel ging mit Tod aus, und jeder Tod brachte ein neues Spiel. Ich kann das nicht verstehen.

LOGENSCHLIESSER *(von oben)*: Hört den Hüter des goldenen Zeitalters an. Hört, was Saturn euch sagt: Wie im Apfel der Same, der Blitz in der Wolke, so reift in den Menschen der Tod. Das Schwert reift im Frieden, der Docht in der Flamme, die Schwäche in dem Schwung. Jeder Same ist anders, bringt eigene Früchte, jeder Blitz fährt die eigene Bahn. Das Schwert will den Frieden, der Docht will die Flamme, die Schwäche den neuen Schwung. Jeder Tod will das Leben, der Herbst will den Frühling, der Frühling will wieder den Tod.

1. KIND: Siehst du: Jetzt ist die Bühne leer, die Türen gehen auf.
2. KIND: Ja – aber die drei Männer kommen noch einmal aus den Kulissen. Voran geht Timmermans mit der Laterne; dahinter Brueghel, der Maler, und Ulenspiegel, der Narr. Gib acht, sie spielen sich selbst.

TIMMERMANS: Nein Kinder – das Spiel ist zu Ende. Doch nun hört, wer wir eigentlich sind.

BRUEGHEL: Ich, Brueghel, der Bauernmaler, habe die Farben gemischt. Mein Leben war kurz. Mein Volk sah ich leiden und lachen, sah den Blutrat der Niederlande und wie Egmonts Haupt vom Schafott sprang. So schenkte mir Gott meine herbstlichen Farben: Rot, Braun, Gold, Schwarz und Weiß. Rot ist das Blut und der wilde Wein; und Braun ist die liebe Erde; Golden das Lindenblatt im Oktober; und Golden die Kaiserkrone. Aber Weiß ist der Schnee und das Leichentuch; und Schwarz ist mein Bruder, der Tod.

ULENSPIEGEL: Ich, Ulenspiegel, der Narr, habe die Menschen gemischt und den Tod auf die Bühne gelassen. Mein Leben war lang, mein Volk sah ich leiden und lachen, sah meinen Vater am Ketzerpfahl brennen und trug seine Asche auf meinem Herzen. So wurde ich weise und tapfer, brachte die Stolzen zum Trauern, die Armen zum Fröhlichsein und lehrte euch, daß das Lachen dicht neben dem Weinen liegt, das Gerippe schon in dem Fleisch und der Tod in dem Leben steht.

TIMMERMANS: Ich, Timmermans, habe euch hergerufen, weil ich selber gerufen wurde. Die Erde rief mich, mein Volk rief mich an, sein Singsang, sein Sensendengeln, das Klopfen auf der Scheuer, die Drehorgel auf der Hochzeit, die Glocke über dem Grab. Ich nahm den Witz zu Hilfe: dich, Ulenspiegel, den Schalk, und die farbige Phantasie: dich, Brueghel, den Bauernmaler; ich zündete meine Laterne an und brachte euch hervor. Kinder lud ich zu Gaste und spielte ein Spiel in dem Spiel.

LOGENSCHLIESSER: Hinaus ins Freie, ihr Kinder! Der Herbst hat die Türen weit aufgemacht, das Stoppelfeld liegt leer. Laßt eure Drachen steigen, rote, grüne und blaue – die Erde gehört den Alten, der Himmel gehört euch allein!

*Gong*

## STERNE ÜBER DEM PALATIN

Ein Spiel in der Heiligen Nacht

PERSONEN

Eine Stimme
Gajus
Tiberius
Sibylle
Perseus
Andromeda
Chronos
Medusa
Fuhrmann
Castor
Pollux
Pan
Capella (eine Kinderstimme)
Cassiopeja
Danae
Leda
Atlas
Denep
Eine der Sieben Plejaden
Kind

*Auf dem Palatin. Kurz vor Mitternacht.*
*Fanfaren*

EINE STIMME: Es begab sich aber zu jener Zeit, daß ein Gebot von dem Kaiser Augustus ausging, daß alle Welt geschätzet würde. Und diese Schätzung war die erste und geschah zur Zeit, da Cyrenius Landpfleger in Syrien war. Und jedermann ging, daß er sich schätzen ließe, ein jeglicher in seine Stadt.

*Gong*

DER JUNGE GAJUS *(einer der Gracchen)*: Wo sind wir jetzt, alte Sibylle? Ist das der Palatin, mitten in Rom? Ich kenne die Stadt nicht mehr.

DER JUNGE TIBERIUS *(sein Bruder)*: Ich auch nicht, Gajus. Alles hat sich verändert seit hundertzwanzig Jahren. Auf dem Marsfeld sind große Bäder und Sportpaläste errichtet, und das Forum trägt neue Tempel für unbekannte Götter wie Isis und Serapis –

SIBYLLE: Asiatische Götter, Tiberius. Sie kamen über das Meer.

TIBERIUS: Pfui doch –! Asiatische Götter!! Sind die Römer denn ehrlos geworden und ihre großen Krieger umsonst vor Karthago gefallen? Drei Götter hatte das alte Rom: Jupiter, Juno, Minerva. Das ist die heilige Dreiheit, hoch auf dem Capitol. Die hat unser Vater Gracchus verehrt –

GAJUS: Und unsere Mutter Cornelia sprach noch von andern, Tiberius, die älter waren als jene. Da gab es die Ossipaga, die die Knochen der Kinder festmacht, den Statilinus, der sie gut stehen, den geschwätzigen Fabulinus, der sie schön reden lehrte!

SIBYLLE: Kindische Götter, mein Gajus, sind gut für kindische Völker. Sie denken sich ihre Götter, wie Kinder die Mutter denken, und reifen sie heran, so denken sie die Götter wie Männer ihre Helden. Jeder Gott hat ihr eigenes Maß. Ein menschliches Maß, bis die Zeit erfüllt ist, und der Eine sich offenbart, Kniet nieder, ihr Gracchensöhne! Dies ist der Ort und die Stunde, zu denen ihr hergerufen und wiedererweckt worden seid.

GAJUS: Wir knien. Wir haben die Stimme vernommen, die bis in den Hades drang. Hier sind wir: zwei römische Jünglinge, und kommen, uns schätzen zu lassen, ein jeder in seine Stadt. Aber sage: Wer ist jener Kaiser Augustus, der uns Tote heraufbeschworen?

SIBYLLE: Euch hat nicht der Bote des Kaisers beschworen, der das römische Reich regiert. Eine Weissagung hat sich heute erfüllt, die über euren Kapellen wie der heilige Doppelstern stand. Diese Weissagung lautet: wenn wieder auf Erden ein Heldenkind wird geboren werden – edler noch als die beiden Gracchen, edlerer Mutter göttliches Kind – ein Freund der Armen wie jene, mit Brot in beiden Händen, das niemals alle wird, ein Kind, welches Könige knien und Hirten lachen macht, sanftmütig das Erdreich besitzend – – dann, wenn der Friedenstraum der Gracchen wahr geworden und das Lamm bei dem Löwen liegt, sollen sie wiederkehren, um den Weltengott anzubeten.

TIBERIUS: Das Lamm bei dem Löwen, alte Sibylle? Kommt das goldene Zeitalter denn zurück, von dem die Sagen erzählen? Sieh um dich: dröhnt nicht die Erde vom Marschtritt der Kolonnen? Starrt sie nicht ringsum in Waffen? Brennen an allen Grenzen die Feuer der Wachtürme nicht? Sieh an den Himmel! Alles bekämpft sich auch oben: der uralte Drache krümmt seinen Schweif, und Andromeda zittert am Felsen; hier ist Perseus und hier Cassiopeja ... dort das Medusenhaupt ... Castor und Pollux – wer wird sie einigen? Selbst bei den Göttern ist Kampf und Streit, Heimtücke, Rache und Hinterlist –

SIBYLLE: Ja! Bei den Göttern und Helden, die von der Erde kamen und unter die Sterne gingen. Bald werden selbst lebende Kaiser ihre Bildsäule auf die Altäre rücken – Menschengötter wie jene, die ihnen vorangegangen und bald versunken sind.

TIBERIUS: Nahmen Götter und göttliche Helden denn je einen anderen Weg?

SIBYLLE:  Einer nimmt ihn,
Ich sehe ihn kommen,
Sinken den sanften,
Seligen Stern ...

*Musik*

TIBERIUS: O Gajus! Was ist das? Ein Regen von Sternschnuppen löst sich – – Und hörst du die Sphärenmusik?

GAJUS: Das sind keine Sternschnuppen, Bruder. Das ganze Himmelsgewölbe wird leer. Der Wagen fährt langsam zur Erde, die Plejaden umkreisen einander und kommen wie die Bälle eines spielenden Magiers herab.

TIBERIUS: Ja ... ja ... die Sterne tanzen nach einer großen Musik – ich sehe es deutlich, ich höre es auch – aber nun *(schreit auf)* – nun scherben die Töne – es klingt von Waffen – von Kriegsgetöse – – siehst du, wie sich Gestalten bilden: Männer mit Feuerhelmen –

SIBYLLE: Castor und Pollux!

GAJUS: Eine zottige Ziege mit gräulichem Fell –

SIBYLLE: Capella, die Nährmutter Jupiters ist es!

TIBERIUS: Und dort schwebt ein schlangengebundenes Haupt in den bläulichen Ätherwogen – –

SIBYLLE: Medusa!

GAJUS: Ein Mann dringt heran, gepanzert, abgewandten Gesichts, ein Sichelschwert in der Hand –

SIBYLLE: Das ist Perseus, der sie erschlagen wird!

TIBERIUS: Er hält einen Spiegel vor sich; die Fratze bleckt fürchterlich wild in das fühllose Glas hinein – da – da – – er haut nach hinten – sie blutet – es tropft, wo die Tropfen fallen, entspringt ein geflügeltes Pferd!

SIBYLLE: Pegasus!

TIBERIUS: Und stampft auf die Erde und wiehert; der ganze Palatin bebt.

GAJUS: Götter! Götter sind unter uns!!
SIBYLLE: Rasch unter meinen Mantel. Rührt euch nicht. Seht, was geschieht – !

*Gong*

PERSEUS *(von weitem)*: Komm, komm Andromeda! Fürchte dich nicht, du bist ja frei, schöne Königstochter – auch der Drache liegt nun am Boden, da, setze den Fuß auf ihn!
ANDROMEDA: Ach, Perseus – er zuckt noch, sein Blut fließt schwarz aus der Wunde und bildet einen See.
PERSEUS: Ich hebe dich, so. Nun fasse mich fest um den Hals. Ich trage dich hinüber, dort glänzt schon der Palatin.
ANDROMEDA: Ist das der Götterberg, Perseus, auf welchen wir Sternbilder niedersinken? Und was für ein Sturm treibt uns alle?
CHRONOS: Ich, Chronos, der Zeitengott, mache den Sturm; Sturmwind der Wende: Der Winterwende; Sturmwind der Zeitenwende!

*Heulen und Sausen*

PERSEUS: Drachenblut fließt durch das Himmelsgewölbe, Zeitensturm treibt uns zur Erde nieder, wo der große Götterberg steht. Siehst du das Säulenhaus näher kommen? Dort wohnt der Cäsar Augustus, dessen Botschaft die Götter von Norden und Süden, von Osten und Westen versammelt hat, damit sie sich schätzen lassen, ein jeder in s e i n e r Stadt.

*Neuer Sturm*

ANDROMEDA: Perseus! Perseus! Blick um dich – der Drache ist wieder lebendig geworden und wälzt sich hinter uns her. *(Leise)* Und da! Das Medusenhaupt bebt in dem Beutel, als ob seine Schlangen sich heimlich mit Gift und Galle füllten – –
PERSEUS: Was, Gift und Galle! Medusa ist tot, und der Drache ist tot – Heldentum hat sie besiegt.

MEDUSA *(höhnisch und hell)*: Mich willst du besiegen? Mich? Medusa? *(Lacht)* Ich wachse aus jedem Natternhals wieder, ich gehe aus jedem Tropfen Blut wie eine Giftblume auf. Neid, Haß, Habgier und Wollust sind meine lieben Schlänglein; der uralte Drache hat mich gezeugt und zeugt mich immer wieder – nie hört seine Herrschaft auf!

ANDROMEDA: Rasch, Perseus – rasch in den Bannkreis der Tempel – –

PERSEUS: Nein! Haß gegen Haß und Waffe gegen Waffe!

SIBYLLE: Friede! Hier ist das Haus des Augustus. Euch sagt die Sibylle: steht! Tritt näher, Andromeda; näher, Perseus. Wirf den Beutel mit der Medusa ab, ich setze den Fuß auf sie.

PERSEUS: Du wagst es?

SIBYLLE: Die Nacht ist gekommen, in welcher das Weib die Schlange zertritt und auf der Mondsichel steht.

PERSEUS: Wahrhaftig: du stellst die Sohlen auf die Schneide des Mondes hin. Eine Schlange umwindet sie langsam und sticht nach deiner Ferse, hüte dich – – was ist das: sie fällt zusammen, Geifer und Galle rinnt aus ...

SIBYLLE: Und doch bin ich nur ein Gleichnis, Perseus, für eine andere Frau.

ANDROMEDA: Wer ist die andere, gute Sibylle?

SIBYLLE: Morgenstern nennen sie späte Geschlechter. Sie geht der Sonne voran.

ANDROMEDA: An der Sonne bleichen wir alle ...

SIBYLLE: Ja. Sieh zu dem Himmel empor!

ANDROMEDA: Ach – er ist leer von Sternen. Ganz tief. Ganz blau und ganz leer. Ein silbriger Glanz durchfeuchtet ihn leise; es ist, als ob sich Licht aus ihm dränge, noch tiefer, noch ferner als er. Ist das der Sonnenaufgang, den wir Sternbilder niemals erblicken?

PERSEUS: Andromeda. Bist du töricht? Ging denn je die Sonne vor Mitternacht auf?

SIBYLLE: Eine Sonne naht sich,
Ich sehe sie kommen,
Mitternachtssonne
Der nächtlichen Welt.

*Musik*

ANDROMEDA: Perseus! Der Drache sinkt nieder, er dehnt sich und wird zur Schwelle, worüber wir alle gehen!
SIBYLLE: Seliger Drache – selige Schuld ...

*Gong*

FUHRMANN: Heda, holla, ihr Dioskuren! Castor und Pollux – helft meinen Pferden hinüber, sie scheuen vor dem Drachen und werfen mir den Wagen mit den Tierkreisbildern noch um!
POLLUX: Geh, lieber Bruder Castor, geh Rossebändiger, hilf dem Fuhrmann und fasse in die Zügel, ich schiebe von hinten an.
CASTOR: Diese Mähren da soll ich zügeln? Ist das ein Heldenstück? Aber sage mir, alter Fuhrmann, wie kamst du an den Himmel?
FUHRMANN: Ich war der erste Mensch auf der Erde, der Pferde eingeschirrt hat.
CASTOR: Das ist gut, so will ich dir helfen.

*Die Pferde stampfen, wiehern, der Boden
donnert und dröhnt*

FUHRMANN: Zurück, Herr, zurück – die Tiere reißen sich los und werden euch erschlagen – da – da – sie sind frei und geflügelt und stürmen den Palatin. Jetzt stutzen sie dort vor Pegasus, als sähen sie sich im Spiegel – auch Pegasus zittert – der Phantasie selbst graut es vor ihren Ausgeburten. Wer wird die Tiere weiden, die von der Erde zum Himmel und vom Himmel zur Erde kamen?!
PAN: Ich weide sie – ich, der himmlische Pan, der die Kühe der Milchstraße niederwärts treibt, die schweren Muttertiere

mit ihren tropfenden Eutern; die Jungtiere, Bullen und Kälber – ich, Pan, der große Pan!

*Die Herde kommt näher, Brüllen und Muhen
dringt heran*

Ich komme, ich komme, ich gehe durch den Fuhrmann und sehe, was er geladen hat: eine Ziege hat er geladen, häßlich, mit zottigem Fell – steht, steht meine lieben Tiere!

FUHRMANN: Schilt mir Capella, die Ziege, nicht, Pan. Sie war die Nährmutter Jupiters und hat ihn auf Kreta gesäugt, als er verborgen wurde, damit ihn sein Vater nicht fraß...

PAN: Wie? Was? Auch Götter fressen die junge Brut, wie es manchmal Hasen und Schweine tun? Er hatte ihn also zum Fressen lieb, dieser Vater, dieser Gott seinen Göttersohn?

SIBYLLE: Du sagst es. Mit Furcht und Schrecken fing die Geschichte der Götter an und wird so endigen. Geht weiter ihr guten Tiere!

PAN: Ich komme, ich komme, ich gehe durch den Fuhrmann und sehe, was er geladen hat: einen Löwen hat er geladen, einen Stier, einen Wasserkübel mit Fischen und einem Krebs darinnen – steht, steht meine lieben Tiere!

FUHRMANN: Die Tierkreisbilder der Winterwende hat der alte Fuhrmann geladen – wer bringt sie über die Drachenschwelle, wer zieht sie zum Palatin?

SIBYLLE: Die Ziege! Spanne die Ziege vor! Capella mit dem geneigten Horn wird den Wagen herüberziehen.

CAPELLA *(eine Kinderstimme)*: Ich gehe, ich bringe den Wagen der Kreatur hinüber. Ich säugte den Sohn auf Kreta, als ihn der Vater verfolgte; ich hing auf dem Horeb im Dornbusch und wurde ihm geopfert; ich bin jetzt selber der Sohn, den sein Vater aus Liebe dahingab für die Rettung der Kreatur...

PAN: Der Wagen rückt an, der Wagen geht weiter! Verachtetes hat sich die Gottheit erwählt, um das Starke damit zu beschämen. Jetzt ist er drüben – Capella kniet nieder – ihr Füllhorn fließt über die Erde aus – ihr Fell verwandelt sich, seht doch, seht! Es lockt sich, wird zart und duftend wie frischgemolkene Milch – – sehet, sehet das Lamm Gottes, welches hinwegnimmt die Sünde der Welt ...

*Gong*

GAJUS *(leise)*: Tiberius!
TIBERIUS *(ebenso)*: Gajus, mein Bruder?
GAJUS: Siehst du das Lamm bei dem Löwen liegen, wie die Sibylle gesagt hat? Den Stier zu Häupten? Die helle Herde zärtlich um es geschart?
TIBERIUS: Ja. Aber ich sehe drei Schatten auch, dunkel wie Totenweiber; drei Frauen in schwarzen Mänteln beugen sich zu dem Lamm; sie wanken, sie wogen wie Mondschatten drüber – hörst du: Jetzt klagen sie leise – –
CASSIOPEJA: Ach – ach, Andromeda! Töchterchen! Ach! Arme Andromeda!
DANAE: Perseus! Mein Sohn! Verloren an die Medusa! Im Krieg mit Drachen und Schlangen – Perseus, mein Göttersohn!
LEDA: Castor und Pollux, ihr lieben Kinder! Von wilden Pferden geschleift und geschlagen – ewig, ewig im Kampf!

*Weinen und Stöhnen – lang hingezogen*

SIBYLLE: Es sind die Mütter der Sternengötter, Cassiopeja, Danaë, Leda. Hört, wie ich sie befrage. Cassiopeja, Mutter Andromedas! Sprich: Welches war d e i n e Schuld?
CASSIOPEJA: Meine Schuld ist sehr groß, uralte Sibylle, sehr üppig ist meine Schuld. Ich war einem guten König vermählt und lebte mit ihm an dem Meer. Unsre Tochter Andromeda spielte am Strand, und der Meeresgott schickte ihr täglich seine lieblichen Kinder, die Nereiden, zu Scherz und Tanz herauf. Sie waren sehr schön, diese Nereiden – doch wie mich dünkte, alte Sibylle, war m e i n Kind tausendmal schöner als jene, und, verblendet von Rausch und Reichtum, hochmütig, herzenshart, rief ich aus: „Poseidon, sieh her und vergleiche

Andromeda mit deinen grünäugigen Töchtern! Ist ihre Haut nicht feiner als die salzgegerbte der Nereiden? Sind ihre Haare nicht zärter als die schlammigen, tangdurchflochtenen Locken der nassen Meereskinder?" Da ergrimmte ihr Vater Poseidon und schickte die Flut an das Ufer, überschwemmte das Reich und forderte Andromeda zum Versöhnungsopfer, mein Kind zum Drachenfraß. Dies war meine Schuld, meine sehr große Schuld: Hochmut wird sie genannt.

SIBYLLE: Und deine, Danaë, welches war deine?

DANAË: Jeder empfängt und sieht seinen Gott, wie er ihn wünscht und begehrt. Meinem Vater wurde einst prophezeit, mir würde ein Sohn geboren, der ihn selber später erschlüge. Auf diese Weissagung hin, baute er einen festen Turm und schloß mich darin ein. Doch Zeus, der höchste der Götter, verwandelte sich in goldenen Regen und drang in meinen Kerker. Er kam nicht als Wind oder Wort, nicht als Staub oder Himmelsvogel – er kam als Gold, verstehst du, und verblendete mir das Herz. Ich liebte das Gold über alles – Goldregen wurde mein Gatte und also der Vater des Perseus, der den finsteren Drachen erschlug. Aber Gold versteint auch des Menschen Herz wie der Anblick jener Medusa versteinert, nach welcher er ausgeschickt wurde – – daher büßte mein Kind wie das ihre für meine eigene Schuld. Goldgier wird sie genannt.

SIBYLLE: Hochmut und Goldgier verführten euch beide, dich Cassiopeja, dich Danaë. Aber du, sanfte Leda, wie hast denn du gesündigt, Mutter der Dioskuren?

LEDA: Kennst du den Wind in dem hohen Schilf und hörtest du seine Klage? Er klagt: O wehe der Erde! O wehe dem Wasser, das sie durchdringt, dem Röhricht, das aus ihr aufschießt und mit dem Winter verdorrt! Nichts bleibt auf der Erde, das Schöne muß altern, das Heldentum verweht. Trauer ist ausgesät, Schuld wächst heran mit dem Leben, in Schmerzen fährt alles dahin. Wer wird uns erlösen, wer hört auf das Seufzen der armen Kreatur? So klagte der Wind, ich lauschte ihm oft und gab mein Herz an sein Rauschen, ich liebte zuletzt diese Trauer mehr, als die Hoffnung, von ihr erlöst zu werden – – und als eines Tages der Wind sich verstärkte und Schwanenflügel annahm, als Zeus in der Gestalt dieses Vogels auf der Brandung des Wassers her zu mir brauste, ward er mein Gatte; er gab mir drei Kinder: Castor und Pollux, die Dioskuren, und Helena, welche die schönste Frau und zugleich die verderblichste war – Helena, die den Trojanischen Krieg durch ihre Schönheit entfesselte und unendlichen Jammer brachte ...

SIBYLLE: So entzweite die Schönheit das Heldentum, wie?
LEDA: Ja, sie entzweite es.
SIBYLLE: Doch deine beiden Söhne sind große Krieger geworden, Sternengötter am nächtlichen Himmel!
LEDA: Ach, aber auch sie sind für immer getrennt, als Morgen- und Abendstern. Geht der eine empor, sinkt der andre zum Hades; ein ewiger Kreislauf ist ihre Erscheinung, der uralten Trauer Bild und Gesetz. Weh, weh, meine armen Kinder – –

*Seufzen und Stöhnen*

SIBYLLE: Hört es, ihr Gracchensöhne: Ruhm, Schönheit, Gold und selbst Tapferkeit genügten also nicht.
GAJUS: Was geht über Ruhm, Sibylle? Was geht über Tapferkeit?
SIBYLLE: Demut geht über Ruhm und über Tapferkeit.
TIBERIUS: Was geht über Gold und Schönheit?
SIBYLLE: Armut und Anmut, mein Sohn.

>
> Naht ein Erlöser,
> So naht er in Schwäche,
> Magdlicher Mutter
> Mildestes Kind.
> Anmut sein Stirnreif,
> Demut sein Gürtel –

> Und seine Freunde
> Sind Esel und Rind.

*Musik*

PAN: Sehet – sehet das Lamm Gottes, welches hinwegnimmt die Sünden der Welt – –

*Gong*

ATLAS: Ich kann nicht mehr – ach! Das Himmelsgewölbe wird mir zu schwer, seit es die Sterne verlassen haben – es drückt mich, es lastet auf meinen Schultern, als ob eine Riesensonne den leeren Raum erfüllte – diese Sonne – noch seh' ich sie nicht – –

SIBYLLE: Gedulde dich, Atlas, dein Dienst ist bald um. Ein Kind wird kommen, dich abzulösen; dann nimmt es Himmel und Erde für immer in seine Hand.

ATLAS: Ein Kind soll kommen und Himmel und Erde in seinen Händen tragen!?

SIBYLLE: Du sagst es. Ein schwaches Kind.

ATLAS: Welch ein Widerspruch, alte Sibylle!

SIBYLLE: Wahrhaftig, ein Widerspruch jenen, die stark und hochmütig sind.

ATLAS: Stärke und Hochmut regieren den Erdball –

SIBYLLE: Demut erlöst ihn wieder.

ATLAS: Wenn Demut erlöst, will ich niederknien, das Himmelsgewölbe auf meinem Rücken, mein Gesicht nach Mitternacht wenden: fort von dem Glanz der irdischen Sterne in die tiefste Dunkelheit hin – –

EINE STIMME *(von fern)*: Zu Hilfe! Helft mir doch, Sternenbrüder! Wo bin ich? Ist das der Palatin, wohin ich gerufen wurde?

SIBYLLE: Dort kommt ein anderer Lastenträger: D e n e p vom Kreuz des Nordens. Er bringt das Sternbild Germaniens, wir nennen es auch den Schwan.

ATLAS: Bruder Denep! Komm näher – hierher – so – so – du hattest den weitesten Weg – –

DENEP: Ja. Und die schwerste Bürde. Sieh, was ich trage –
ATLAS *(entsetzt)*: Den römischen Galgen!
SIBYLLE: Das Kreuz, ihr Götter und Helden – – !

*Heulen und Sausen, furchtbares Gelächter*

PAN: Das Kreuz auf dem Palatin!!

*Plötzliche Stille*

DENEP: Ich, Denep, der Germane, bringe das Kreuz auf den Palatin, wie mir geheißen wurde. Ich stelle es auf den Erdball hin, damit es unter den Bildern der Tapferkeit nicht fehle. Einst, so erzählen Druiden und Parzen, krönt ein germanischer Kaiser sich mit der römischen Krone und vereinigt beide: Erdball und Kreuz.
GAJUS: Kannst du das hören, Tiberius, erträgst du diese Schmach?
POLLUX: Auf Castor, waffne dich, schlage ihn nieder – – !
ANDROMEDA: Perseus, bekämpfe ihn!
ALLE *(durcheinander)*: Drachen und Schlangen, Gorgonenhäupter, Gift, Geifer und Galle, Schwerter und Pfeile – – schüttet euch aus über ihn und tötet den Frechen!

*Musik, erst leise, dann immer stärker, fließt aus der Höhe.*
*Ein Schellenbaum schlägt an*

EINE DER SIEBEN PLEJADEN: Wir kommen – wir kommen – die sieben Plejaden: gejagt und in Tauben verwandelt. Wir schneien langsam zur Erde nieder, wir fallen als letzte Blüten vom Sternenbaum herunter . . .
TIBERIUS: Triff sie, Orion, eisiger Jäger, der sie auf Erden verfolgt hat! Durchbohre sie mit Pfeilen! Ihre Stimme lähmt uns – die süße Musik ihrer Leiber schlägt uns das Schwert aus der Hand! –

*Musik immer weiter*

GAJUS *(in höchster Erregung)*: Sie kommen heran, Tiberius – umkreisen das Kreuz, die himmlischen Tauben, und lassen sich darauf nieder – nun tritt Orion zwischen den Säulen des Kaiserpalastes hervor: er spannt den Bogen, der Silberpfeil schwirrt – jetzt noch einer – noch einer – ah!!

SIBYLLE *(groß und ruhig)*: Auf den Armen des Kreuzes setzten die sieben heiligen Tauben sich nieder. Kein Pfeil darf sie treffen – jeder der Pfeile ward zum Lichtstrahl hinter dem Kreuz. Sein Holz hat sieben Blüten getragen, sieben Strahlen schließen es ein. Beugt euch, ihr Götter und Helden, ihr Hirten und hellen Herden ...

CHOR DER GÖTTER UND HELDEN:

> Wir beugen uns alle,
> Wir bitten um Gnade,
> Licht und Erleuchtung
> In finsterer Nacht ...

GAJUS UND TIBERIUS:

> Wir Helden im Hades –

ALLE: Bitten um Gnade!

CASSIOPEJA, DANAË, LEDA:

> Wir Mütter im Mantel –

ALLE: Rufen sie an!
PAN: Hirten, wir armen –
ALLE: Flehn um Erbarmen –

CASTOR UND POLLUX:

> Sterne am Himmel –

ALLE: Erfüllen den Plan!

SIBYLLE: Frohe Botschaft euch allen! Friede euch Göttern! Seht zu dem Himmel empor – –

PAN: Die Mitternachtssonne ist aufgegangen – ein Kind mit ausgebreiteten Armen erfüllt sie ganz und gar. Sei uns gegrüßt – Gott aller Götter – –
KIND: Friede! Seid mir gegrüßt!
SIBYLLE: Er löst sich. Er tritt aus der Sonne. Das Zeichen des Kreuzes aber bleibt schwarz in der Sonne stehen.
KIND: Geht wieder zum Hades, ihr Helden – du Gajus und du, Tiberius. Sagt allen dort unten: eure Erlösung ist nahe herangekommen. Bald öffnet ein Gott euch Riegel und Bande und führt euch in das Licht... Ihr Sternbilder: Castor und Pollux, Perseus, Orion, Andromeda – nehmt wieder eure Stelle am nächtlichen Himmel ein. Aber wenn ich einst zum zweiten Mal nahe, nicht mehr als Kind und Erlöser, sondern als Richter aller Lebendigen und Toten – wenn die Himmel erschüttert werden – die Sterne niederfallen, dann seid auch ihr für immer aus eurem Gewölbe erlöst. Du Denep, vom Kreuz des Nordens – dein Sternbild wurde heute im Osten aus dem Schoß der Sonne wiedergeboren und wanderte auf den Palatin. Trage das Kreuz von Süden nach Norden, von Rom nach Germanien hin. Dort sage den Völkern: In diesem Zeichen wird die Weltherrschaft aufgerichtet, die Erde gesegnet werden...
SIBYLLE:

>
> Ich sehe den Erdkreis –
> Im Schatten des Kreuzes
>
> Wartet er schon
> Auf das letzte Gericht –
>
> Friede dem Erdball,
> Den Herden und Hirten,
>
> Friede und Freude,
> Erlösung und Licht!

Die unbekannte Hörspiel-Autorin Elisabeth Langgässer
und ihre Arbeiten für den Rundfunk

*von Franz L. Pelgen*

Als Elisabeth Langgässer allzufrüh starb, war sie — so Karl Krolow — „auf der Höhe ihres Erfolges, der heute noch als stiller Ruhm wirkt ... Alles, was diese vehemente Begabung innerhalb weniger Jahre, als sie seit 1945 wieder schreiben durfte, veröffentlicht hatte, war Ausdruck von leidenschaftlich verschiedenartigen Elementen, die sich in ihrer Person verbanden, die an ihr zerrten, die sie schließlich verbrauchten: das Christliche und das Mänadische, der Rausch und die katholische Frömmigkeit, Gnade und Orgiasmus, Landschaft und Großstadt."[1] Luise Rinser nannte sie „die größte deutsche Schriftstellerin unseres Jahrhunderts" und bekannte: „Jedesmal, wenn ich sie lese, verliere ich den Mut, weiterzuschreiben."[2]

Elisabeth Langgässer (1899–1950) war — in den relativ kurzen Schaffensphasen, die ihr vergönnt waren, — überaus produktiv. Von 1920–36 und von 1945–50 konnte sie — abgesehen von vielen verstreuten Gedichten, Aufsätzen, Vorträgen, Buchbesprechungen, Theaterkritiken u.s.w., — mehrere Gedicht-Zyklen, Bände mit Novellen und Erzählungen, auch vier Romane veröffentlichen.

Mit dem 1946 erschienenen Roman ‚Das unauslöschliche Siegel', geschrieben während der Zeit des Schreibverbots, das die Nazis über sie verhängt hatten, erntete Elisabeth Langgässer höchstes literarisches Lob, wurde dafür von der Deutschen Akademie für Sprache und Dichtung in Darmstadt mit

---

[1] Karl Krolow, Rausch und Gnade. Zum 70. Geburtstag Elisabeth Langgässers. In: ‚Allgemeine Zeitung' (Mainz) vom 20. Februar 1969.
[2] Luise Rinser, Im Scheitern ist Erfüllung. Die Schriftstellerin Elisabeth Langgässer starb vor dreißig Jahren. In: ‚Die Zeit' vom 25. Juli 1980.

dem Georg-Büchner-Preis ausgezeichnet – und wäre dafür von der katholischen Kirche fast auf den Index der verbotenen Bücher gesetzt worden. Schicksal einer christlichen Schriftstellerin!

Daß Elisabeth Langgässer neben Lyrik und Prosa auch Arbeiten in szenisch-dramatischer Form geschrieben hat, insbesondere eine Reihe von Hörspielen, blieb bisher so gut wie unbekannt. Anthony W. Riley, der sowohl die Bibliographie der Werke Elisabeth Langgässers als auch die der Sekundärliteratur und ihres Nachlasses zusammengestellt hat,[3] schrieb 1975 in einem Artikel über die Dichterin: „Die Tatsache, daß Elisabeth Langgässer Anfang der dreißiger Jahre sieben Hörspiele (wovon fünf als unveröffentlichte Typoskripte im Nachlaß noch vorhanden sind), und nach 1945 weitere fünf Hörspiele oder Hörfolgen verfaßte, ist von der Kritik und Forschung meines Wissens völlig ignoriert worden."[4]

Nach Anthony W. Rileys Aufstellung der „Hörspiele und Arbeiten in szenisch-dramatischer Form" und den von ihm ermittelten Fakten, den Notizen des Langgässer-Ehegatten Dr. Wilhelm Hoffmann im Katalog zu seinem Archiv und

---

[3] Anthony W. Riley, Die Literatur über Elisabeth Langgässer. Eine Bibliographie. In: Literaturwissenschaftliches Jahrbuch. Im Auftrag der Görres-Gesellschaft hrsg. von Hermann Kunisch. NF 8 (1967), S. 265–287. – A. W. Riley, Das Werk Elisabeth Langgässers: Eine Bibliographie (in Zusammenarbeit mit Barbara Grüttner-Hoffmann). In: a. a. O. NF 9 (1968), S. 333–362. – A. W. Riley, Der Nachlaß Elisabeth Langgässers. Ein Bericht (in Zusammenarbeit mit Barbara Grüttner-Hoffmann). In: a. a. O. NF 10 (1969), S. 350–371. – A. W. Riley, Elisabeth Langgässers Bibliographie mit Nachlaßbericht. Berlin 1970.

[4] Anthony W. Riley, Elisabeth Langgässers frühe Hörspiele (mit bisher unbekanntem biographischem Material). In: Gerhard Hay (Hrsg.), Literatur und Rundfunk 1923–1933. Hildesheim 1975, S. 361–386; zit. S. 361. – Wie sich aus der nachfolgenden Aufstellung ergibt, waren es nach dem 2. Weltkrieg ebenfalls etwa sieben.

Bezugstellen in den Briefen von Elisabeth Langgässer,[5] hat die Dichterin in den Jahren 1933-34 und 1945-46 insgesamt etwa 14 Hörspiele und Hörfolgen geschrieben. Sechs der frühen Hörspiele wurden damals in der Berliner ‚Funk-Stunde' gesendet. Eine Sendung davon wurde sogar wiederholt. Ein weiteres Hörspiel blieb damals unaufgeführt: ‚Ahnung und Gegenwart. Ein Spiel von Liebe, Tod und Schlaf'. Dieses Werk wurde erst jetzt vom Südwestfunk, Landesstudio Rheinland-Pfalz, für die Ursendung am 22. März 1986 produziert.

Die Manuskripte von fünf der sieben frühen Hörspiele sind im Nachlaß erhalten; die der restlichen zwei müssen wohl als nicht mehr auffindbar gelten.

Von den Hörspielen und Hörfolgen der zweiten Schaffensphase Elisabeth Langgässers für den Rundfunk – nach dem Ende des zweiten Weltkriegs und der Nazi-Diktatur – ist das Manuskript eines Hörspiels unvollständig erhalten, die von drei weiteren sind verschollen. Von zwei Hörfolgen ist ein Text vollständig und der andere unvollständig erhalten. Ein siebtes Manuskript stellt nur einen Entwurf dar.

Die erhaltenen Manuskripte aus dem Nachlaß der Dichterin befinden sich heute als Depositum im Deutschen Literaturarchiv, Marbach a. N. Die Nachforschungen nach den fehlenden (bzw. den kompletten der nur unvollständig erhaltenen) Manuskripte von Hörspielen und Hörfolgen Elisabeth Langgässers im Deutschen Rundfunk-Archiv der ARD in Frankfurt und im Lektorat Rundfunkgeschichte des Rundfunks der DDR in Ost-Berlin blieben leider ergebnislos. Beide Archive verfügen weder über Manuskripte noch über Produktionen oder Aufzeichnungen von Hörspielen oder Hörfolgen von Elisabeth Langgässer. Lediglich im Archiv des WDR Köln gibt es eine Bandaufnahme der Neuproduktion vom ‚Flandrischen Herbst', dazu das Produktions-Manuskript mit der Besetzung.

---

[5] Wilhelm Hoffmann (Hrsg.), ‚... soviel berauschende Vergänglichkeit'. Briefe 1926-1950. Hamburg 1954.

Erstmals erscheinen hier — mit freundlicher Erlaubnis der Nachlaßverwalterin Elisabeth Langgässers, ihrer Tochter Barbara Grüttner, und des Deutschen Literaturarchivs, Marbach a. N. — Hörspiele der Dichterin im Druck.[6] Von den fünf vollständig im Manuskript erhaltenen Hörspielen wurden die literarisch und künstlerisch wertvollsten ausgewählt. Auf einen Abdruck des Erstlings- und des ihm folgenden Werkes wurde bei dieser ersten Begegnung mit Hörspielen von Elisabeth Langgässer im Druck verzichtet. Deren Veröffentlichung sei einer späteren Edition im Rahmen ihrer ‚Gesammelten Werke' vorbehalten.

Die Hörspiele aus den Jahren 1933–34 sind — über ihren literarischen und künstlerischen Wert hinaus — auch vom Biographischen her von Interesse, wie Anthony W. Riley anführt. Ist doch ihre Entstehung eng verknüpft mit der Tätigkeit des späteren Gatten der Dichterin, Dr. Wilhelm Hoffmann, der damals Lektor und Regisseur bei der Reichsrundfunkgesellschaft m.b.H. in Berlin war. Außerdem können sie dazu beitragen, „neues Licht auf eine der am wenigsten kommentierten Lebens- und Schattensabschnitte der Langgässer zu werfen."[7]

Aufbauend auf der Bibliographie von Anthony W. Riley, erweitert durch Recherchen des Herausgebers, wurde hier alles zusammengetragen und zusammengestellt, was über die einzelnen Hörspiele und Hörfolgen Elisabeth Langgässers in der Literatur, in Archiven und in ihren Briefen darüber verzeichnet ist. Entsprechend der unterschiedlichen Quellenlage für die Dokumentation differieren auch die Angaben zu den einzelnen Hörspielen und Hörfolgen.

---

[6] Die Schreibweise wurde, besonders bei den Eigennamen und den Regiebemerkungen, in Einzelfällen vereinheitlicht bzw. den geltenden Regeln behutsam angeglichen. Offensichtliche Fehler wurden stillschweigend korrigiert. Die für die dramatische Diktion der Dichterin typische Zeichensetzung wurde beibehalten.

[7] Riley, s. Anm. 4, S. 361–362.

1. ‚Frauen als Wegbereiter: Amalie Dietrich'

Sendung: 8. Juni 1933, Funk-Stunde, Berlin, Abt. Das Wort (Jugendstunde)
Wiederholung: 20. September 1933
Manuskript, masch. vervielfältigt, (20 Blätter) im Deutschen Literaturarchiv, Marbach a. N.

„Die Lebensgeschichte der Amalie Dietrich (1823-1891), die unter schwersten Entbehrungen zu einer ausgezeichneten naturwissenschaftlichen, besonders botanischen Sammlerin wurde, war gewiß für Elisabeth Langgässer ein willkommenes Thema, um durch eine historische, wenn auch fast vergessene Persönlichkeit, eine Lanze für die geistig rege, berufstätige Frau und Mutter im allgemeinen zu brechen und außerdem in sehr verschlüsselter Form ihr eigenes Schicksal anzudeuten. Das Hörspiel selbst fußt auf Tatsachen, die in gängigen Nachschlagewerken zu finden sind: Die aus Siebenlehn/Sachsen stammende Amalie Dietrich wird 1863 vom Hamburger Großkaufmann Godeffroy nach Australien gesandt, wo sie bis 1873 in Queensland für das Hamburger ‚Museum Godeffroy' Pflanzen und Tiere aller Art sammelt. Nach ihrer Rückkehr war sie Kustodin der von ihr zusammengebrachten Sammlungen in Hamburg...

Das Hörspiel ist denkbar einfach in der Substanz des Erzählten, aber — für ein Erstlingswerk — technisch und künstlerisch von einigen Raffinement... Das kleine Hörspiel zeugt von einem lebendigen Bewußtsein der akustischen Möglichkeiten des Funks: Lied, Gedicht, Bericht, Traum, Brief wechseln in künstlerisch abgewogener Folge ab, untermalt durch Geräuschkulissen verschiedenster Art."[8]

---

[8] a. a. O., S. 366-368.

2. ‚Wie die deutsche Erde wurde. Kunde von Ymir, Wieland dem Schmied und des Teufels rußigem Bruder. Ein Aufriß'

Kurztitel — nach Brief vom 29. März 1934 —: ‚Raum und Zeit'
Sendung: 19. August 1933, Funk-Stunde, Berlin
Umarbeitung des Schlusses und neuer Titel für eine wohl geplante, aber nicht nachweisbare Sendung nach dem 2. Weltkrieg:
‚Der Sturz durch die Erdzeitalter.
(Von der Eiszeit, von dem Tertiär, dem Jurameer und der Steinkohlenzeit)'
Typoskript mit handschriftlichen Korrekturen, (Titelblatt und Schluß — 2 Blätter — von der umgearbeiteten Fassung, alle anderen 22 Blätter von der 1. Fassung) im Deutschen Literaturarchiv, Marbach a. N.
„Künstlerisch ist das Hörspiel das schwächste von den fünf noch vorhandenen aus dieser Zeit. Wie der revidierte Untertitel andeutet, handelt es sich um eine Art ‚Geologiestunde' in poetisch dramatischer Form."[9]

3. ‚Flandrischer Herbst. Ein Totentanzspiel im Lande Brueghels, Tyll Ulenspiegels und Timmermans'

Titel nach dem Programmheft der Zeitschrift ‚Funk-Stunde':
‚Der kleine Totentanz. Ein herbstliches Spiel um Brueghel, Till Ulenspiegel und Timmermans'
Titeländerung evtl. auf Wunsch des Senders im Zusammenhang mit der Sendung von ‚Das große Totenspiel' von Ernst Wiechert am Totensonntag 26. November 1933.
Kurztitel — nach Brief vom 29. März 1934 —: ‚Herbstlicher Totentanz'
Sendung: 25. November 1933, Funk-Stunde, Berlin

---

[9] a. a. O., S. 370.

Regie: Wilhelm Hoffmann
Sendung Neu-Produktion: 23. November 1952, 21.00 – 22.00 Uhr, NWDR Köln, Abt. Kulturelles Wort, 40'55", DOK 1630/3 MONO
Mitwirkende: Albert Florath, Max Eckart, Werner Hinz, Günther Lüders, Heinz Drache, Kaspar Brüninghaus u. a.
Musik: Bernd Alois Zimmermann
Regie: Ludwig Cremer
Wiederholung: 1. November 1956 und am 16. November 1960, WDR Köln.[10]
Typoskript (28 Blätter, ein weiteres – Blatt 9 – „fehlt") im Deutschen Literaturarchiv, Marbach a. N.
„Wahrscheinlich das künstlerisch gelungenste Hörspiel der Dichterin ... zeichnet sich durch ein anspruchsvolles und künstlerisch wirkungsvolles Ineinanderflechten von drei grundverschiedenen Spielen aus ... Das komplizierte, aber kunstvoll aufgebaute Hörspiel ..., das um das Thema ‚media in vita in morte sumus' kreist, stellt einen Versuch dar, die Möglichkeiten des Mediums Rundfunk in einer ästhetisch befriedigenden Weise auszunutzen. Das Tempo des Spiel ist rasch; Musik und Lied werden sparsam, aber an allen entscheidenden Stellen dazu benützt, die verschiedenen Motive und die drei Spiele im Spiel miteinander zu verbinden; der volkstümlich-märchenhafte Stoff spricht Jugendliche direkt an, und die Anspruchsvolleren unter der Zuhörerschaft kommen durch Anspielungen auf die Antike, auf Legenden und auf politische Momente auf ihre Rechnung."[11]

10 Eine von Riley im Zusammenhang mit einer erhaltenen Tonband-Aufnahme angeführte Sendung einer Neuinszenierung von Wilhelm Hoffmann am 13. 9. 1960 vom WDR läßt sich nach den Sendenachweisen und den Programm-Zeitschriften nicht belegen. Hier dürfte eine Verwechslung mit der Produktion von 1952 vorliegen, zumal die Besetzung identisch ist.
11 a. a. O., S. 371–379.

4. ‚Sterne über dem Palatin. Ein Spiel von der heiligen Nacht'

   Sendung: 19. Dezember 1933, 14.35 Uhr, Funk-Stunde Berlin, Abt. Das Wort (Jugendstunde)
   Typoskript (21 Blätter) und Manuskript, masch. vervielfältigt (24 Blätter) im Deutschen Literaturarchiv, Marbach a. N.
   „‚Sterne über dem Palatin'... verbindet die Antike mit der neuen, christlichen Welt auf die Elisabeth Langgässer eigene Weise... Das Hörspiel klingt in die christliche Botschaft von Frieden und Erlösung aus... ‚Sterne über dem Palatin' war das letzte während des Dritten Reiches unter dem Namen der Dichterin gesendete Hörspiel."[12]

5. ‚Antikes Wochenend. Sommerlicher Ausflug mit Horaz, Homer und Catull'

   Sendung: 6. Juli 1934, Funk-Stunde, Berlin
   Elisabeth Langgässer wurde in den Programmheften nicht als Verfasserin angegeben. Als verantwortlich für die „Zusammenstellung" des Spiels wurde (der Verleger und Freund Elisabeth Langgässer) Karl Rauch aufgeführt.
   Mitwirkende: u.a. Veit Harlan und Martha Ziegler (eine Freundin Elisabeth Langgässers)
   Manuskript verschollen

6. ‚Magischer Frühling'

   Sendung in der Funk-Stunde Berlin. Sendedatum unbekannt
   Manuskript verschollen
   Elisabeth Langgässer erwähnt das Hörspiel in einem Brief vom 29. März 1934: „Gegenwärtig arbeite ich an der Fertigstellung eines Gedichtbandes: ‚Die Tierkreisgedichte' genannt, der im Herbst — hoffentlich — erscheinen wird. Gleichzeitig stelle ich 4 Funkspiele zusammen, die in Berlin gesendet wurden und eine hellere Welt umschreiben,

---

[12] a. a. O., S. 379–381.

als die ich bisher kannte: ‚Magischer Frühling' — ‚Raum und Zeit' — ‚Herbstlicher Totentanz' — ‚Sterne über dem Palatin'..."[13]

7. ‚Ahnung und Gegenwart. Ein Spiel von Liebe, Tod und Schlaf'

Datiert 1934
Sendung: 22. März 1986, Südwestfunk Baden-Baden; Produktion des Landesstudios Rheinland-Pfalz
Mitwirkende: Peter Lieck, Marianne Lochert, Walter Hilsbecher, Rebecca Szerda, Robert Rathke u. a.
Musik: Peter Zwetkoff
Regie: Heinz Nesselrath
Typoskript (14 Blätter) im Deutschen Literaturarchiv, Marbach a. N.
„Das dunkle, wiederum vom Thema des Todes und der Vergänglichkeit beherrschte Hörspiel ... kam nicht zur Sendung ... Es ist, als ob die Dichterin selber Ahnungen von der kommenden persönlichen und allgemeinen Katastrophe in Deutschland gehabt hätte, als sie das Spiel niederschrieb."[14]

8. ‚Ich blase drei Federn in den Wind'

Sendung: Jugendfunk Berlin, 1945. Genauer Sendetermin unbekannt
Hörfolge. Funk-Bearbeitung eines offenen Briefes Elisabeth Langgässers, um Hinweise auf das Schicksal ihrer im Frühjahr 1944 nach Theresienstadt und Auschwitz verschleppten Tochter Cordelia (geb. 1. 1. 1929) zu erhalten. Am 5. 1. 1946 erhielt sie Nachricht, daß ihre Tochter aus dem KZ gerettet worden sei und sich in Schweden aufhalte.

---

13 Brief vom 29. März 1934 an Frau Dr. Herkommer.
14 Riley, s. Anm. 4, S. 379.

Typoskript (5 Blätter) im Deutschen Literaturarchiv Marbach a. N.
„Erste Hörfolge, die Elisabeth Langgässer nach dem zweiten Weltkrieg verfaßte."[15]

9. ‚Die letzten Tage von Berlin'

Sendung: 1. Februar 1946, Berlin
Manuskript verschollen
Elisabeth Langgässer erwähnt das Werk in einem Brief vom 3. Dezember 1945: „‚Die letzten Tage von Berlin' soll jetzt zur Sendung kommen ... wahrscheinlich im Januar", und in einem Brief vom 11. Januar 1946: „Am 1. Februar kommt eine Hoffmann'sche Gemeinschaftsarbeit (sicherlich regielich verunstaltet) heraus: ‚Die letzten Tage von Berlin'."[16]

10. ‚I. P. Pawlow. Ein Leben für die Wissenschaft'

Sendung: 1946, Berlin. Genauer Sendetermin unbekannt
Handschrift (14 Blätter), unvollständig und Typoskript (31 Blätter), unvollständig (3 weitere Blätter fehlen) im Deutschen Literaturarchiv Marbach a. N.
Elisabeth Langgässer berichtet darüber in einem Brief vom 3. Dezember 1945: „Jetzt gerade wieder habe ich einen Hörspielauftrag bekommen, der sich auch finanziell lohnt. ‚I. P. Pawlow', ein großer russischer Physiologe. Die Materie ist aber ziemlich spröd, der Mann dagegen reizvoll und eigenwillig (lebte fast ein volles Jahrhundert und hat seine große Zeit zusammen mit Pasteur, Virchow, Metschnikow u.s.w.) ... soll jetzt zur Sendung kommen ... wahrscheinlich im Januar" und in einem Brief vom 20. Februar 1946: „Ich

---

[15] a. a. O., S. 362.
[16] Brief vom 3. Dezember 1945 an „Mein liebstes Lieslein", eine Freundin und Kollegin der Dichterin aus ihrer Zeit als Lehrerin in Rheinhessen. – Brief vom 11. Januar 1946 an Franziska Meister.

laufe indessen auf trostlos schlechten Schuhen zum Funkhaus, zum ‚Horizont' und wieder auf den Funk, (dessen ‚freier Mitarbeiter' – o welche Ehre! ich jetzt bin!) ergattere Aufträge, schreibe Spiele für den Jugendfunk oder – mit R. zusammen – über ‚Pawlow', ein Leben für die Naturwissenschaft, über die ‚Curie' die Huch und Gott weiß wen alles."[17]

11. ‚Schöne alte Kinderreime'.

    Zusammenfassung und Zwischentext von Elisabeth Langgässer
    Sendetermin unbekannt
    Typoskript (7 Blätter), unvollständig (1 weiteres Blatt fehlt) im Deutschen Literaturarchiv, Marbach a. N.

12. ‚Barrett-Browning'

    Sendung: (wahrscheinlich) 29. Mai 1946
    Manuskript verschollen
    Elisabeth Langgässer teilt darüber Oda Schaefer in einem Brief vom 14. Mai 1946 mit: „Eben gerade, während ich schreibe, sitzt meine ‚geflügelte Hand' neben mir und tippt meine Hörfolge über die Barrett-Browning ab, die am 29. Mai gesendet werden soll!"

13. ‚Eichendorff'

    Hörspiel, 1946
    Manuskript verschollen
    Erwähnt im Katalog zum Archiv Dr. Wilhelm Hoffmann

---

[17] Brief vom 3. Dezember 1945 an ihre Freundin „Lieslein" (vgl. Anm. 15). – Brief vom 20. Februar 1946 an das Schriftsteller-Ehepaar Oda Schaefer und Horst Lange. Der in diesem Brief erwähnte Hinweis auf die ‚Curie' bezieht sich vermutlich auf den Beitrag ‚Marie Curie' in: Helden ohne Waffen. Berlin 1949. Für Rundfunkarbeiten Elisabeth Langgässers über Marie Curie und Ricarda Huch gibt es keine Hinweise.

14. ‚Der Tyrannenspiegel'

Entwurf zu einem Hörspiel, ca. 1946
Über Ausführung, Sendung und Sendetermin ist nichts bekannt
Handschrift (6 Blätter) im Deutschen Literaturarchiv, Marbach a. N.

„Die Hörspiele, die Elisabeth Langgässer 1945–46 in Berlin schrieb, erreichten nicht dasselbe künstlerische Niveau wie die früheren, vielleicht vor allem deshalb, weil sie unter Zeitdruck, Hungersnot und den Schmerzen der Multiplen Sklerose entstanden, der unheilbaren Krankheit, an der die Dichterin seit 1942 litt und die zu ihrem frühen Tod führte."[18]

---

[18] Riley, s. Anm. 4, S. 382.

# Bio-bibliographische Daten zu Elisabeth Langgässer

| | |
|---|---|
| 23. Februar 1899 | Geburt in Alzey/Rheinhessen als Tochter des Baurats Eduard Langgässer |
| Februar 1909 | Nach dem Tod des Vaters Umzug der Familie nach Darmstadt. Besuch der Victoria-Schule. Abitur<br>Einjährige pädagogische Ausbildung<br>Im Schuldienst in verschiedenen hessischen Städten und Orten |
| 1920 | Erste Gedicht-Veröffentlichungen |
| 1924 | ‚Der Wendekreis des Lammes. Ein Hymnus der Erlösung' (Gedichte) |
| 1. Januar 1929 | Geburt ihres ersten Kindes Cordelia Maria<br>(Vater: Prof. Hermann Heller, jüdischer Staatsrechtler, gestorben 1933 in Spanien) |
| Januar 1929 bis Oktober 1930 | Übersiedlung nach Berlin<br>Lehrerin für Pädagogik, Psychologie und Unterrichtslehre an dem Sozialen Institut von Anna von Gierke |
| ab 1929 | Intensives literarisches Schaffen |
| 17. Juni 1931 | Verleihung des ‚Literaturpreises 1930 des Deutschen Staatsbürgerinnen-Verbandes' aus den Händen von Alfred Döblin (er war auch, zusammen mit Ina Seidel Mitglied des Preisrichterkollegiums) |
| 1932 | ‚Grenze: Besetztes Gebiet. Ballade eines Landes' (Erzählwerk) ‚Triptychon des Teufels' (Novellen) |
| 1933 | ‚Proserpina. Welt eines Kindes' (Roman) |
| 1933-34 | Sieben Hörspiele |

| | |
|---|---|
| 1935 | ‚Tierkreisgedichte' |
| 15. September 1935 | Heirat mir Dr. Wilhelm Hoffmann (25. 3. 1899 – 5. 2. 1967), Lektor und Regisseur bei der Reichsrundfunkgesellschaft (1. 6. 1931 – 31. 3. 1935) |
| 1936 | ‚Gang durch das Ried' (Roman) Adoption der Tochter Cordelia |
| 20. Mai 1936 | Als „Halbjüdin" (mit einem „dreivierteljüdischen" Kind) Ausschluß aus der Reichsschrifttumskammer und striktes Verbot jeglicher Berufsausübung |
| 1938 | ‚Rettung am Rhein' (Erzählungen) |
| 12. Oktober 1938 | Geburt der Tochter Annette |
| 10. Januar 1940 | Geburt der Tochter Barbara |
| 12. Juli 1942 | Geburt der Tochter Franziska |
| März 1944 | Einlieferung der Tochter Cordelia in das Konzentrationslager Theresienstadt, später Auschwitz |
| 27. Dezember 1944 | Zwangsdienstverpflichtung als Arbeiterin in einer Munitionsfabrik |
| 21. März 1945 | Ausbombung ihrer Wohnung |
| 1945 – 46 | Hörspiele und Hörfolgen |
| 5. Januar 1946 | Nachricht, ihre Tochter Cordelia sei aus dem Konzentrationslager gerettet und lebe in Schweden |
| 1946 | ‚Das unauslöschliche Siegel' (Roman, geschrieben in der Zeit des Berufsverbots) |
| 1947 | ‚Der Laubmann und die Rose' (Gedichte) |
| 1948 | ‚Der Torso' (Erzählungen) ‚Kölnische Elegie' (Gedichte) |
| Ostern 1948 | Übersiedlung mit der Familie von Berlin nach Rheinzabern/Pfalz. Ihr Mann Dozent an dem zur Mainzer Universität gehörenden Sprachen- und Dolmet- |

|                  | scher-Institut im benachbarten Germersheim/Rhein |
|---|---|
| 1949             | ‚Proserpina. Eine Kindheitsmythe' (Urfassung des Romans) |
|                  | ‚Das Labyrinth' (Erzählungen) |
| 1950             | ‚Märkische Argonautenfahrt' (Roman) |
| 1950             | Mitglied der „Akademie der Wissenschaften und Literatur" in Mainz |
| 25. Juli 1950    | Tod nach längerer Krankheit (Multiple Sklerose seit 1942) |
| 17. Oktober 1950 | Posthume Verleihung des Georg-Büchner-Preises der ‚Deutschen Akademie für Sprache und Dichtung' in Darmstadt |
| 1951             | ‚Geist in den Sinnen behaust' (Nachlaßband) |
| 1954             | ‚... soviel berauschende Vergänglichkeit' (Briefe 1926–1950) |
| 1986             | ‚Hörspiele' (‚Ahnung und Gegenwart', ‚Flandrischer Herbst' und ‚Sterne über dem Palatin') |
| Seit 1959        | ‚Gesammelte Werke'. Bd. 1: Gang durch das Ried (Roman). 1959. – Bd. 2: Das unauslöschliche Siegel (Roman). 1959. – Bd. 3: Märkische Argonautenfahrt (Roman). 1959. – Bd. 4: Gedichte. 1959. – Bd. 5: Erzählungen. 1964 |

Franz L. Pelgen (geb. 1929 in Speyer) studierte Theaterwissenschaft, Deutsche Literaturgeschichte, Kunstgeschichte, Zeitungswissenschaft und Volkskunde in München. Promovierte 1957 zum Dr. phil. mit dem Thema ‚Das Laienspiel und die Spielweise Martin Luserkes'. Journalistische und wissenschaftliche Beiträge für Presse und Funk. Seit 1962 Kulturredakteur beim Südwestfunk. Wichtigste Veröffentlichungen als Herausgeber: Paul Münch, Gesammelte Werke (1981, 1984); Hugo Ball, Nero. Tragödie (1985); Das Speyerer Karfreitagsspiel aus dem Jahre 1766 (1985).